과도정부 비교연구: 허정내각과 최규하정부

한국정신문화연구원

정영국
양동안
이기호
이완범
이의명

2003
백산서당

Rethinking Modern Korean History 24
Comparative Studies of Interim Governments

Youngkug Chung
Dongahn Yang
Kiho Yi
Wanbom Lee
Uimyung Lee

2003
BAIKSAN Publishing House

한국현대사의 재인식 24

과도정부 비교연구

한국정신문화연구원 편

정영국
양동안
이기호
이완범
이의명

2003
백산서당

머리말

한국 헌정사에서는 4번의 과도정부기를 경험했다. 미군정기, 1960년 4·19혁명 이후 제2공화국 출범까지의 허정내각, 1961년 5·16쿠데타 이후 제3공화국 출범까지의 군사정부기, 그리고 1979년 10·26사건 이후 제5공화국 출범까지의 최규하정부기가 그것이다. 새로이 등장한 체제와 정권하에서의 정치과정은 기존체제로부터 단절돼 있는 것이 아니라, 오히려 기존체제의 유산일 수 있으며, 또 그 위에서 작동한다. 따라서 과도기 정치에 대한 연구는 기존체제와 새로운 체제간 체제변이 과정의 이행적(transitional) 정치를 분석하는 것이라 할 수 있다. 이런 점에서 과도기정치에 관한 연구는 한국 현대정치사에 대한 연속적 이해와 설명을 위해 매우 긴요한 연구라고 하지 않을 수 없다.

이 책에서는 4·19혁명 이후 1960년 4월 27일부터 8월 17일 장면정부 출범까지 약 4개월간 과도기를 관리한 허정내각과 1979년 10·26사건 이후 1981년 2월 25일 제5공화국 출범까지 1년 3개월간 과도기를 관리한 최규하정부의 정치과정을 비교·분석함으로써 정치에 대한 새로운 연구지평을 열어 보고자 한다. 두 기간은 기존의 권위주의체제가 급작스럽게 붕괴하고 민주화를 요구하는 사회적 요구가 분출하는 과정에서 새로운 체제와 권력의 구성을 준비하는 기간이었다는 공통점을 갖는다. 그러나 두 기간 중 하나는 민주체제로의 이양으로, 다른 하나는 권위주의체제 복원으로 귀결됐다는 점에서 서로 상이한 결과를 낳았다. 이러한 결과는 과도정부의 정치적 리더십에 따른 차이라기보다는 새로운 체제수립을 둘러싼 권력구조 분포와 역학관계의 차이에 기인한다고 할 수 있다. 정치변동은 궁극적으로 주어진 정치사회적 구조의 특징과 한계 내에서 권력엘리트들의 '선택'이 상호 작용한 결과이기 때문이다. 따라서 본 연구는 두 과도정부 기간의 정치과정을 정치사회적 구조의 한계 내에서 정치세력들의 전략적 선택에 따른 권력 역학관계의 산물로 파악하고자 한다.

먼저 서장에서 이완범 교수와 이의명 박사가 권위주의 이행문제와 연관해서 과도정부에 대한 유형화를 시도하고 있다. 또한 연구 책임자인 정영국 교수는 위 문제의식에 따라 과도정부기 정치지형의 변화와 체제변이 과정을 비교하고 있다.

양동안 교수는 이승만정부와 박정희정부 붕괴과정에 대한 비교분석을 통해 기존연구의 한계를 극복하고 있다. 또한 과도정부의 수립과정과 인맥구성의 특징에 대한 참신한 비교도 시도하고 있다. 과도정부에 대한 정치사적 분석은 이에 대한 심층적 이해를 도모할 것이다.

마지막으로 이기호 박사는 허정과 최규하 과도정부기의 사회경제적 배경과 시민사회의 특성을 논하고 있다. 과도정부가 들어서게 된 갈등구조를 사회경제적 요인과 그러한 요인이 어떻게 시민사회에 투영되고, 그것이 어떠한 사회운동으로 표출됐는지 추적하고 있다. 과도정부가 이후 전개되는 정치, 경제 등의 향방을 규정하기 때문에 그 분석의 의의가 충분함에도 불구하고 저간의 사정은 과도정부를 지나치게 과소 평가하는 경향이 있어 왔다. 이런 점에서 이 논문은 매우 큰 의의를 갖는다. 특히 보다 광범위한 구조적 배경—경제구조와 시민사회의 연관—을 살펴봄으로써 기존 정치적 접근의 한계에서 벗어나고 있다.

이 책은 1999년도 한국정신문화연구원에서 수행한 공동연구의 산물이다. 공동연구를 기획한 정영국 교수가 2002년 6월 세상을 뜨게 됨에 따라 그의 유업을 정치연구실에서 대리로 수행하지 않을 수 없었다. 탁월한 정치적 식견으로 한국정치를 바라보았던 고인의 유고를 정리하게 돼 참으로 섭섭한 마음 금할 길 없다. 부디 후학의 계승이 있기를 바라며 삼가 고인의 명복을 빈다. 또한 정지혜, 정혜인, 그리고 정현우에게 이 책이 작은 선물이 되기를 바라는 마음 간절하다.

2003년 6월 3일
한국정신문화연구원 정치학 교수 일동

차 례

머 리 말 · 5

서 장: 과도정부에 대한 이론적 고찰 / 이완범 · 이의명 13
  1. 과도정부의 개념 · 14
    1) 과도기의 개념정의 · 14
    2) 과도정부의 유형, 특징과 개념화 · 15
  2. 권위주의청산과 민주화이행 이론 · 17
  3. 쉐인과 린츠의 과도정부 이론 · 28
    1) 과도정부의 의미와 특징 · 28
    2) 과도정부 수립의 4개 유형 · 31
      (1) 혁명적 과도정부 · 31
      (2) 권력할당 과도정부 · 33
      (3) 현직대행 과도정부 · 34
      (4) 국제적 과도정부 · 36
    3) 과도정부와 선거 · 37
    4) 한국 헌정사에 출현했던 과도정부 · 41

과도정부기 정치지형의 변화와 체제변이 과정의 비교 / 정영국 ……… 47

  1. 문제의 제기 · 47

  2. 과도기정치를 보는 시각 · 49

  3. 정치세력의 분포구조와 역학관계 · 52

    1) 허정 내각기 · 52

    2) 최규하 정부기 · 55

  4. 헌법개정 과정 · 60

    1) 허정 과도기 · 60

    2) 최규하 정부기 · 64

  5. 신헌법의 확정과 권력의 이양 · 67

    1) 허정 과도기 · 67

    2) 최규하 정부기 · 70

  6. 결 론 · 72

정치변동과 허정·최규하 과도정부 성립과정의 비교 / 양동안 ············ 79
　1. 정치변동의 양상 · 79
　　1) 이승만정권의 붕괴과정 · 79
　　2) 박정희정권의 붕괴과정 · 90
　　3) 비 교 · 96
　2. 과도정부 수립과정과 인적 구성의 특징 · 100
　　1) 허정 과도정부 수립과정과 인적 구성의 특징 · 100
　　2) 최규하 과도정부의 수립과정과 인적 구성의 특징 · 104
　　3) 비 교 · 111
　3. 과도정부의 정치적 기반과 위상 · 113
　　1) 허정 과도내각의 정치적 기반과 위상 · 113
　　2) 최규하 과도정부의 정치적 기반과 위상 · 119
　　3) 비 교 · 126
　4. 결 론 · 129

과도정부 시기의 사회경제적 갈등구조와 양상의 비교 / 이기호 ········· 135
  1. 서 론·135
  2. 사회경제적 배경과 갈등구조·137
     1) 허정 과도정부 시기의 사회경제적 갈등구조·137
     2) 최규하 과도정부 시기의 사회경제적 갈등구조와 시민사회의 분화·143
  3. 과도정부시기의 시민사회적 특성·150
     1) 허정 과도정부 시기의 시민사회와 사회운동의 전개양상·150
     2) 최규하정부 시기 시민사회의 전개양상·162
  4. 과도정부 시기 시민사회 전개의 특징에 대한 비교·168
  5. 결 론·174

과도정부 비교연구: 허정내각과 최규하정부

서 장: 과도정부에 대한 이론적 고찰

이완범 · 이의명

  일반적으로 과도정부는 정치·사회·경제적 위기상황에서 출범한다. 혼란을 극복하고 질서를 회복해 평화적으로 정권을 이양하는 것이 과도정부의 진정한 사명이다. 따라서 과도정부는 개인의 자유와 평등을 실현하고 복지를 증진시킴으로써 국민의 행복을 추구한다는 일반적인 정부기능 외에 또 다른 중요한 기능을 수행해야 하는 매우 중요한 정부다. 민주화 달성에 매우 중요하며 한국정치 발전에 중요한 계기가 됐던[1] 과도정부에 대해 별다른 연구가 없었던 시점에[2] 본 기획이 이루어진 것은 일정한 학문적 의의가 있다고 할 것이다.

---

1) 민주주의와 발전에 대해서는 John Dunn, 1999: 132-140 참조.
2) 과도정부에 대한 기존의 연구에는 다음과 같은 것들이 있다. 최정원, 1989; 김세중, 1998; 정주신, 1997; 차기벽, 1983; 안해균, 1986.

1. 과도정부의 개념

1) 과도기의 개념정의

무릇 모든 연구가 개념에 대한 명확한 이해가 선행돼야 하듯이 과도정부(transitional government 혹은 interim government) 연구도 개념정의부터 시작해야 한다. 우선 정치적 '과도기'는 한 체제가 붕괴하고 다른 체제가 생성되기까지의 중간시기를 지칭한다고 할 수 있다. 따라서 과도정부는 일반적으로 '한 정권과 다른 정권 사이의 일시적인 간격'(interval between one political regime and another)이라고 정의할 수 있다.3) 즉 한 정부가 돌발적인 사태에 의해 갑작스럽게 붕괴함에 따라 잠정적으로 정권을 인수받는 모든 정부를 지칭하는 것이다. 과도정부는 반드시 권위주의정부 퇴장 후에 등장하는 정부만 지칭하는 것은 아니며 정부의 붕괴를 잠정적으로 승계하는 모든 정부를 지칭할 수 있다(김세중, 1998: 21 주1 참조). ① 정상적 정부에서 정상적 정부로 이어지는 과도정부와 ② 권위주의에서 권위주의로 이어지는 과도기, ③ 권위주의에서 민주적 정부로 나아가는 과도기, ④ 민주적 정부에서 권위주의로 나가는 과도기 모두를 지칭할 수 있다는 것이다. 그렇지만 현실의 과도정부에서 ①은 거의 없으며, ②와 ③이 역시 주류를 이루고 있다. 즉 권위주의 붕괴와 함께 시작되는 경우가 주류를

---
3) O'Donnell and Schmitter, 1986: 7; 오도넬·슈미트, 1987: 19-20에 나오는 이행(transition)에 대한 정의다.

이룬다고 할 것이다. 과도정부에 대한 연구에서는 이를 독립적인 개체개념으로 이해하기보다는 권위주의정권의 붕괴가 시작돼 민주주의체제가 성립되는 과정이나 또 다른 권위주의체제로 복귀하는 이행(transition)과정에서 나타나는 정부의 형태로 이해하는 것이 오도넬 등 정치학자들의 추세다.[4]

2) 과도정부의 유형, 특징과 개념화

과도정부에 대한 정의는 학자에 따라 다양하게 내려지고 있다. 최정원 선생은 과도정부를 "한 정권의 붕괴로 인해 나타나는 정치적 공백기에 정해진 짧은 기간 동안 정치체계를 이끌어 나가면서 다음 정권의 수립을 준비하는 것을 기본목적으로 하는 잠정적 정부"라고 정의했다(최정원, 1989: 7).

과도정부에 관한 독보적인 이론서를 출간한 쉐인과 린츠에 의하면 구체제의 붕괴와 새로운 체제의 공백기를 담당하는 것이 과도정부로, 그 성립형태에 따라 혁명적 과도정부, 권력할당 과

---

4) 오도넬과 슈미터는 이행을 하나의 정치체계와 다른 정치체계 사이의 공백기로 정의하면서 이행은 권위주의정권의 와해와 함께 시작돼 민주주의 수립이나 권위주의체제로의 복귀, 또는 어떤 혁명적 대안의 출현 등으로 끝이 난다고 보았다. 또한 이행과정의 특징 중 하나는 정국을 통치하는 지배력이 부재하는 정치적 공백기가 나타난다는 것이다. 이 기간에 정치적 제도와 절차는 부단히 변혁을 겪으며, 정치가들은 정권장악을 위해 경쟁한다. 한편 안정된 민주정부하에서라면 헌법과 독립적 기구에 의해 보장되는 권리를 초월하는 재량권이 권위주의적 통치세력에 의해 행사되기도 한다는 것이다(O'Donnell and Schmitter, 1986: 7-8; 최정원, 1989: 6-7).

도정부, 현직대행 과도정부, 국제적 과도정부로 구분된다.5) 과도
정부는 정권의 변천과정에서 생겨나는 것이며, 혁명, 체제의 자
생적 붕괴, 내란 등에 의해 구체제가 붕괴할 때 나타나 자유선거

---

5) Shain and Linz, 1995: 3-5 참조. 이 책은 다음과 같이 쉐인(텔아비드 대학)과 린즈(예일대학), 베라트가 저술한 전반부 이론과 여러 학자들이 기고한 후반부 케이스스터디로 나누어져 있다. 따라서 저서와 편찬서의 성격을 모두 가지고 있다.

Part I. Theory:

Introduction

1. Provisional governments: revolutionaries and moderates
2. The power-sharing model
3. The caretaker government formula
4. The international interim government model, revisited Yossi Shain and Lynn Berat
5. The timing and nature of first democratic elections
6. Conclusion

Part II. Case Studies:

7. The provisional government and the transition from monarchy to Islamic Republic in Iran, H. E. Chehabi
8. From revolution to democracy in Portugal: the roles and stages of the provisional governments, Thomas C. Bruneau
9. Accelerating collapse: the East German road from liberalization to power sharing and its legacy, Daniel V. Friedheim
10. Interim government and democratic consolidation: Argentina in comparative perspective, James McGuire
11. The failure of an internationally-sponsored interim government in Afghanistan, Barnett R. Rubin
12. Electoral transitions in Yugoslavia, Paula Franklin Lytle
13. Democratization and the international system: the foreign policies of interim governments, Allison Stanger

에 의해 의회가 소집되고 새로운 대통령이나 총리가 선출됨으로써 막을 내린다고 정의하고 있다.

한편 김세중 교수는 과도정부를 권위주의적 기존 정부의 예측되지 않은 퇴장에 의해 갑작스럽게 성립되는 정부로 정의하면서 성립과정의 우연성, 정통성의 제약성, 지속기간의 한시성, 그리고 제반 특징에서 유래되는 제한된 통치주권만을 행사할 수 있는 정부라고 평가했다(김세중, 1998: 21-22). 또한 정주신 소장은 구체제가 붕괴하고 새로운 정부가 탄생하는 공백기간을 담당하는 정부형태로서 민주정치 과정에서 정권의 변천과정에서 생겨나는 정부로 정의하고 있다.6)

여러 학자의 정의를 종합하면 과도정부는 권위주의정부가 민주주의로 이행하거나 또 다른 권위주의로 복귀하는 과정에서 과도기를 담당하는 정부로서 혁명, 체제의 자생적 붕괴, 내란, 외부침략 등으로 인해 갑작스럽게 구성되며, 한시성과 정통성 부재라는 약점을 갖는다고 할 수 있을 것이다.

2. 권위주의청산과 민주화이행 이론

1979년부터 86년에 걸쳐 미국에서 수행된 라틴아메리카에 관한 한 권위 있는 프로젝트에 의하면 권위주의에서 민주주의로의 이행은 각국의 독특한 역사적 상황에 맞게 이루어진다고 평가된

---

6) 과도정부는 구체제가 붕괴한 후 과도적인 임무를 띠고 출현하는 것으로 구체제를 새로운 체제로 이끌 헌법을 구성해 신정부로 그 권한을 이양하는 임무를 가지고 있다고 부언했다(정주신, 1997: 259).

다. 민주주의로의 이행과정은 이전에 존재한 민주적 정부의 붕괴과정, 권위주의적 질서의 성격과 그 존속기간, 권위주의정부가 권력을 장악·유지하기 위해 위협적 수단을 구사하고 정당성을 도모해 나간 방법, 자유화로의 실험적인 움직임 시도와 그 추진시기, 정부엘리트의 자기확신과 안전의 정도, 정치과정을 개방시켜 나갈 수 있는 이들 엘리트의 능력과 확신, 재정적 자원의 존재 유무, 국외자의 조언, 그리고 이행과정에서 어떤 형태의 정통성을 부여해 줄 수 있는 국제적 유행(fashions) 등에 의해 조건지어지고 규정된다는 것이다(O'Donnell, Schmitter and Whitehead, 1986a; 로웬달, 1987: 17-18).

많은 정치학자들로 하여금 권위주의정부의 민주주의이행에 관해 관심을 갖게 한 것은 라틴아메리카의 군부통치였는데, 파라과이, 페루, 니카라과, 쿠바, 콜롬비아, 엘살바도르, 아르헨티나, 볼리비아 등이 관심의 대상이었으며(O'Donnell, Schmitter and Whitehead, 1986a; 알랭 루끼에, 1987: 201-244; O'Donnell and Schmitter, 1986; Linz and Stepan, 1978), 아울러 아르헨티나, 브라질, 칠레, 우루과이 등과 남부유럽 국가들의 민주화과정에 대해서도 많은 연구가 이루어졌다. 이러한 중남미·남부유럽 국가에 대한 연구는 1970년대와 80년대에 주로 진행됐다.[7]

---

7) O'Donnell, Schmitter and Whitehead, 1986a; 카우프만, 1987: 167-200; 오도넬·슈미터·화이트헤드 공편, 1987. 한편 O'Donnell, Schmitter and Whitehead, 1986b; 오도넬·슈미터·화이트헤드 공편, 1988; O'Donnell, Schmitter and Whitehead, 1986c; 오도넬·슈미터·화이트헤드 공편, 1989; O'Donnell and Schmitter, 1986; 오도넬·슈미트, 1987과 함께 위 책들은 모두 '권위주의적 통치로부터의 전환'이 주제다. 이는 우드로 윌슨센터의 프로젝트로 그 기관의 재정적 뒷받침으로 산출됐는데 오도넬 등의

한편 1990년대에는 민주화의 연구대상이 더욱 확대됐다. 라틴 아메리카·남부유럽은 물론 한국, 대만, 필리핀 등 아시아, 구소련 및 동구권 붕괴에 따른 동독, 폴란드 등 유럽 및 러시아, 아프리카 등이 연구대상으로 관심을 갖게 됐으며,[8] 특히 연구의 관심이 정치적 민주화에서 정치·경제적 민주화로 확대됐다.

권위주의 정부의 민주화 과정에 대한 연구는 대상 국가 면에서 세계의 모든 권위주의 정부로 꾸준히 확대되었으나, 연구의 관심은 역시 권위주의 정부의 붕괴과정과 유형, 권위주의 정부의 붕괴이후 이행과정, 그리고 민주적-비민주적 새 정부의 출현 등에 있었다.

린츠에 의하면 일반적으로 권위주의체제란 정치적 다원주의가 제한을 받기는 하지만 전체주의와는 달리 강력한 이데올로기에 의해 통치되지는 않으며, 특별한 경우를 제외하고는 정치적 동원화가 미약하고, 개인 혹은 집단이 정치권력을 행사하는 체제를 의미한다(Linz, 1975: 175-185; Linz, 2000: 159). 권위주의체제는 민주주의 정치체제와 공산주의체제와도 구별되며, 그 등장요인과 배경이 다양하다. 즉 권위주의 정치체제의 성립과정과 종류가 다양한 만큼, 이 체제가 붕괴하는 이유와 과정도 다양하며, 권위주의체제를 대체해서 나타나는 정치체제 역시 복잡한 여러 단계의 이

'민주화에 관한 4부작'으로 불린다. 이는 정상적인(normal) 사회과학의 개념과 방법론을 적용해 제3세계의 민주화와 이행을 연구하는 것은 부적절하다는 인식에 토대하고 있다.

8) Chehabi and Stepan 1995; Linz and Stepan, 1996; 린츠·스테판, 1999; Hollifield and Jillson 2000. 또한 McGuire, 1995: 179-208 등이 있는데, 위 책에는 아르헨티나 외에도 이란, 포르투갈, 아프가니스탄, 동독, 유고슬라비아 등의 과도정부가 사례로 나와 있다.

행과정을 거치게 된다(최정원, 1989: 10).

　권위주의에 대비되는 개념인 민주주의의 성립조건으로 린츠는 언론의 자유, 집회의 자유, 정치결사의 자유가 보장되는 헌법적 틀 안에서 정기적으로 시행되는 자유로운 선거와 권력에 접근할 수 있는 자유로운 경쟁이 보장돼야 한다고 강조했다. 즉 자유로운 경쟁과 정기적인 선거를 민주주의의 핵심으로 파악하고 있다(Shain, 1995: 45-46).

　민주화는 이제까지 비민주적 원칙(억압이나 관습 등)에 의해 통치되던 정치제도가 민주적 원칙과 관행에 의해 통치되는 과정을 의미하며, 민주적인 여러 권리를 향유하지 못하던 시민들이 민주적인 정치권리를 향유할 수 있게 되는 과정을 의미한다(O'Donnell and Schmitter, 1986: 8).

　권위주의정권에 균열현상이 발생하면서 자유화를 통해 민주주의로 이행되는 경우에 대해 쉐보르스키는 네 가지로 분류·설명하고 있다. 첫째, 권위주의정권의 수립을 초래했던 기능적 필요성을 이미 충족시켰으므로 더 이상 그 정권의 필요성이 상실되었거나 존립 자체가 가능하지 않게 됨으로써 붕괴되는 경우다. 둘째, 첫째 항에 언급된 권위주의정권의 기능적 필요성 충족으로 인해 정통성을 상실함으로써 해체되는 경우이며, 셋째는 정통성 상실로 인해 지배세력, 특히 군부 내의 갈등을 내부적으로 조정하지 못하고 외부집단에 호소함으로써 더 이상 군부가 지배세력으로 남지 못하는 경우다. 넷째, 민주적 면모를 요구하는 외국의 압력이 군부로 하여금 외부집단에 대한 호소과정에서 협상에 응하게 하는 경우다(O'Donnell, Schmitter and Whitehead, 1986a; 쉐보르스키, 1987: 103-104).

　그러면 권위주의정권의 균열이 발생한 후 어떻게 민주화되는

가 하는 문제에 직면하게 된다. 권위주의체제가 민주화되기 위해서는 권위주의체제가 전면 붕괴하거나 또는 권위주의체제가 민주주의원칙을 수용해 점진적으로 민주화과정을 겪어야 한다. 그러나 권위주의국가 대부분은 외부의 강한 압력이나 충격 또는 내부적 모순, 폭력적 항거 등에 의하지 않고는 좀처럼 민주화되기 어렵다. 따라서 많은 권위주의국가에서 보듯이 내부모순이나 국민적 항거에 의해 정통성이 붕괴하면서 민주주의로의 이행이 시작되는 것이다.

권위주의 퇴조유형에 대한 분석은 <표 1>에서 보는 바와 같이 여러 학자들에 의해 이루어졌으나 다소 도식적으로 분간하면 ① 협상을 통한 이행(transition through transaction), ② 이전을 통한 이행(transition through extrication), ③ 붕괴를 통한 이행(transition through defect)으로 구분된다(Mainwaring, 1992: 294-342; Mainwaring, 1999).

〈표 1〉 권위주의 퇴조유형 분류*

퇴조유형	Huntington	Linz	Mainwaring
협상	transformation	*reforma* (개혁)	transaction
이전	transplacement		extrication
붕괴	replacement	*ruptura* (급격한 단절)	breakdown/collapse

* Huntington, 1993: 114.

첫 번째 유형은 권위주의체제의 규칙이 유지되면서 권위주의 통치엘리트의 주도하에 민주주의로의 이행이 진행되는 경우이며, 두 번째는 권위주의체제의 규칙이 포기된 상태에서 구체제의 통치엘리트가 정당한 행위자로 민주화과정 참여가 허용돼 민주주의로의 이행이 시도되는 경우이고, 세 번째는 권위주의체제의

규칙과 엘리트집단이 함께 급격하게 퇴장하는 형식으로 민주주의로 이행되는 경우다.9)

다음은 권위주의체계가 붕괴하고 민주화되는 데는 어떤 구체적인 과정을 거치는가 하는 것이 문제다. 권위주의체제로부터 민주주의 정치체제로 이행하는 과정은 민주화의 주체세력, 군부의 태도, 이행속도, 이행기간 등에 따라 다양한 양상을 띠게 되는데, 스테판은 권위주의 붕괴 후 민주화 이행과정을 8개의 유형으로 구분했다(O'Donnell, Schmitter and Whitehead, 1986a; 스테판, 1987: 125-165).

첫 번째는 민주주의국가가 외국 점령세력에 의해 헌정이 중단되거나 독재정치가 일시 시행되다가 외국 점령군이 또 다른 전쟁에 패함으로써 망명을 갔던 민주정부가 재집권하든가 지하로 숨어 있던 민주세력이 표면에 나타나면서 민주정부가 복원되는 형태인데, 제2차 세계대전 당시 네덜란드와 노르웨이처럼 국왕과 내각이 국외로 망명해 있다가 점령군이 패한 후 정통성을 가지고 민주주의를 복원한 형태다.10)

---

9) 김세중 교수는 이승만정부의 퇴장은 세번째 형식을 통해 민주주의로 이행되었으나 이승만정부와 연속선상에 있는 엘리트가 이승만정부를 계승함에 따라 새 정부로의 전환은 두번째 형식으로 이루어짐으로써 두 개의 상이한 이행양식을 경험했다고 분석했다(김세중, 1998: 63).

10) 덴마크의 경우는 국왕과 내각이 망명을 가지 않고 독일 점령군에 협력하면서 통치를 계속했다. 그러나 독일 점령군의 통제가 심화되면서 덴마크 국민의 저항이 일기 시작했을 때 점령군은 덴마크정부로 하여금 계엄령을 선포할 것을 요구했으나 덴마크정부는 의연히 항거하면서 내각이 총사퇴하게 됐다. 이 때문에 덴마크정부는 독일 점령군에 부역했다는 비난을 듣지 않고 독일이 패망했을 때 신속히 재수립됐다(어수영, 1988: 44).

두 번째 모델은 첫 번째 모델과 비슷한 상황이나 전쟁 이전의 정권이 내부적인 문제 때문에 재편성되는 경우다. 침략국에 대해 협조했거나 외국 정복에 대해 책임이 있기 때문에 전쟁 이전 정권이 그대로 정권을 복원하지 못하고 재편성을 거치는 경우로 해방 후 그리스와 프랑스가 그 예다.[11]

  세 번째 모델은 외국 점령군에 의해 민주주의가 이식·수립되는 경우로 제2차 세계대전 후 서독과 일본에 미국과 서방국가들이 민주정부를 수립토록 외부에서 조종한 것이 대표적이다. 이 경우 정치적 정통성에 문제는 있다(어수영, 1988: 45). 위의 세 유형은 모두 외부와의 전쟁과 외부세력의 정복으로 인한 정치체제 변동 후 민주주의가 복원되는 경우다.[12]

  네 번째 유형부터 외부적 점령이 아닌 정치체제 내에서 민주화가 이룩된 경우다. 네 번째 유형은 권위주의체제 내의 정권장악 세력에 의해 민주화가 추진되는 경우인데, 1980년대 권위주의 정부는 대부분 군부에 의해 통치됐으므로 군부에 의해 민주화된 사례가 있다. 그 주도자의 경우는 다양한 경우를 상정할 수 있다. 체제 내의 민간인(스페인[13]) 혹은 군사정부 지도자가 주도할 수도

---

11) 벨기에의 경우는 첫째와 둘째의 중간에 위치하는 케이스다. 나치가 벨기에를 점령했을 때 내각은 영국으로 망명했으나 국왕은 계속 벨기에에 있었다. 나치 점령기간에 국왕은 통치는 하지 않았으나 히틀러를 예방한 사건으로 인해 벨기에 망명정부가 복귀했을 때 국왕의 정통성에 논란이 있었다. 의회는 국왕의 통치자격 상실을 선언하고 동생이 왕권을 승계해야 한다고 주장했다. 1950년 이 문제에 관한 국민투표가 시행됐으나 표가 분산됐다. 이때 국왕이 은퇴하고 왕자가 계승함으로써 국왕의 정통성 시비는 일단락됐다(어수영, 1988: 44-45).
12) 팔마는 역사상 기록을 보면 현대의 권위주의정부를 민주주의로 전환하는 가장 쉬운 방법은 전쟁과 점령이라고 주장한다(Palma, 1990: 32).

있고 민간화된 지도자(civilianized politician)가 후원하기도 하며, 새로운 군부(제도로서의 군부)가 주도할 수도 있다. 군사정부가 자체적으로 민주화를 추진하는 것은 야당이나 민중의 압력에 의한 경우가 대부분으로 브라질의 민주화(1964~1985)를 대표적인 예로 들고 있는데, 비교적 서서히 민주화가 진행된 경우다.14)

이하의 유형부터는 권위주의 내부로부터의 민주화가 아닌 반대자들이 주도하는 경우다. 다섯째 유형은 사회주도의 권위주의 정권 종식모델인데, 일반 대중조직에 의한 분산된 저항이나 광범위하긴 하지만 통합돼 있지 않은 총파업, 그리고 정부에 대한 일반적 지지의 철회 등이 정권의 전환을 초래하는 경우다.

여섯 번째 유형은 거대한 협의제적 야당연합이 내적으로 형성

---

13) 1975년 11월 프랑코 총통 사망 후 스페인의 경우 민주적 야당도 협조했으므로 온건한 개혁(reforma)이 성공할 수 있었다. 프랑코는 1969년 후계자로 후안 까를로스(Juan Carlos) 왕자를 임명했으며 프랑코 사후 까를로스 국왕은 중재적 역할을 다했다. 프랑코가 임명한 수상 아리아스 나바로(Carlos Arias Navarro)는 변화를 원하는 국왕과 대립했고, 결국 아리아스는 1976년 7월 1일 사임했다. 국왕은 수아레스(Suárez Adolfo)를 임명했으며 군부 내 온건파들이 용인할 수 있는 개혁을 추진해 우익을 어느 정도 무마시키는 데 성공했다. 또한 '민주적 단절'(democratic rupture)을 주장하던 반체제측이 '위로부터의 교섭된 개혁'(negotiated reform from above)을 받아들이게 만들었다(김용서, 1988: 188-194; O'Donnell, Schmitter and Whitehead, 1986a; 스테판, 1987: 144). 따라서 종합적으로 보면 스페인의 경우는 체제 내부 민간인이 주도하는 민주화이면서도 협상에 의한 민주화의 성격도 부분적으로나마 가지고 있다.
14) 어수영, 1988: 52-55. 그렇지만 윤홍근(1988: 101-113)은 브라질을 협약에 의한 민주화의 예로 분류하고 있다. 따라서 스페인과 브라질 등의 체제 내부 민주화는 반체제인사들과의 협상을 거친 경우이므로, 거의 체제 내부의 민주화로 볼 수는 없다고 해도 과언이 아니다.

돼 있어 권위주의정권의 토대를 침식하고, 야권 지도자간의 권력 분담과 상호 비토권, 대동맹 등 정교한 형식을 갖춤으로써 민주화를 유도하는 형태다. 유혈과 폭동 등 과격한 방법보다는 정당간 협약(party pact) 등을 맺어 야권 지도자들간의 타협으로 정권교체를 유도하는 양태다. 1958년 콜롬비아와 베네수엘라의 경우는 정당연합과 협의제적 관행이 민주화과정에서 결정적 비중을 차지했다. 그렇지만 이들 경우는 남미 정치변동에 예외적인 케이스다.15) 이 경로에 협의제적 요소가 없는 경우도 있다.

일곱째 유형은 민주적 개혁정당과 결합된 조직적 반란에 의해 민주화되는 것으로 권위주의체제에 대항해 발생한 반란이 정당을 기반으로 하기 때문에 정당은 반란을 정치적으로 끊임없이 통제할 수 있으며, 정치 핵심세력은 민주주의를 신봉하고, 내부 정치적 협력자 대부분이 민주세력에서 나오기 때문에 사회경제적 변동이 클 것으로 예상되는 유형이다. 전국적인 항의시위, 데모, 노동자들의 전국적 파업, 학생봉기 등에 의해 정부의 지지가 급격히 떨어질 때 권위주의정부는 국민의 요구를 수락할 수밖에

---

15) 베네수엘라의 지메네즈(Perez Jimenez) 군부정권이 영구집권 음모를 꾸미자 1958년 1월 애국혁명위원회(Junta Patriotica, 범야당 연합세력)가 시위와 총파업을 하자 지메네즈는 사임했다. 라라자발 장군 중심의 군부가 재쿠데타를 감행했으나 군정 반대세력의 저항과 시위는 계속돼 250여 명 이상이 희생되는 유혈사태가 발생했다. 이 유혈사태를 고비로 민주행동당이 이끄는 애국혁명위원회와 라라자발 장군의 군사위원회가 타협을 시작해 민주적 선거보장과 시국안정을 약속했다. 결국 정당엘리트간의 타협인 푼토피조(Punto Fijo)협약이 체결돼 민주화를 달성했다. 그러나 이러한 사례를 개량주의로 보아 남미의 전형적인 저발전을 극복 못한 실패한 케이스로 단정하는 견해도 있다(윤홍근, 1988: 94, 118-119, 125; O'Donnell, Schmitter and Whitehead, 1986a; 스테판, 1987: 156).

없다. 1973년 그리스 군부 권위주의정부의 민주화과정, 필리핀의 민주화과정, 한국의 1960년 4·19 등이 그 예다.16) 이 경우 바로 민주화가 실행되기보다는 과도정부 혹은 과도 군사정부가 수립되기도 하며, 반동이 이어지는 등 우회적인 과정을 거쳐 민주화가 달성되거나 아예 새로운 권위주의정부가 수립되기도 한다.

마지막으로 마르크스주의 주도의 혁명전쟁 유형인데, 혁명세력이 국가기구를 제압한 후 권력을 장악하며, 선거결과와는 관계없이 근본적인 변동을 합리화하는 이데올로기를 동원하고, 그것을 지지하는 사회적 기반을 확충하는 과정을 보이게 된다. 그런데 1979~80년 니카라과 산디니스타의 혁명적 시험이 동서냉전 (O'Donnell, Schmitter and Whitehead, 1986a; 스테판, 1987: 163-164)의 와중에 실패하게 되면서 이 모델을 채택한 국가는 거의 사라지게 됐다. 게다가 구소련이 붕괴하고 동구권이 몰락하는 탈냉전기에 마르크스주의가 퇴조하면서 이 모델이 권위주의 붕괴유형으로 계속 남아 있을 수 있는가에 의문이 제기되고 있다.17)

---

16) 한국의 4·19는 야당과 밀접하게 연계돼 있지 않은 학생의거였지만, 후에 야당에 그 주도권이 넘어가므로 이 경우와 유사한 케이스라 할 수 있다. 또한 권위주의국가의 지도자가 급작스럽게 사망하는 등 권위주의국가의 지도세력에 돌발적인 사건이 발생해 권위주의체제가 종식되고 민주화로 나아가는 경우도 있을 수 있다. 한국의 유신체제 종식 등이 그 예인데, 일곱째 경우의 변형된 케이스로 볼 수 있다. 일곱째 케이스와 이 경우에는 모두 과도정부의 역할이 중요하다. 한편 O'Donnell, Schmitter and Whitehead, 1986a; 스테판, 1987: 160에서는 역사적으로 볼 때 일곱째 경로로 민주화에 성공한 예는 유럽과 아프리카, 중동, 아시아에는 하나도 없다고 주장했다.

17) 이들 8가지 경우를 분류하면 다음과 같다.
 (1) 전쟁과 외세 정복 후의 민주화

이상 8가지 중 외국점령을 거친 케이스가 아닌 4, 5, 6, 7, 8번째 케이스를 우리 현실과 연결하면 다음과 같이 재분류할 수 있다.[18]

① 권위주의체제 내부(군부 혹은 민간인)의 민주화.[19]
② 체제와 야당간 타협에 의한 민주화.
③ 야당에 의한 민주화.
④ 민중세력에 의한 아래로부터의 민주화.

이 중 마지막 유형은 사회혁명적 전환이며, 나머지는 비사회혁

---

① 외국의 재정복에 이은 내적 복원, ② 내적 재편성, ③ 외부조종에 의한 정권 수립.
(2) 내부적 민주화
집권자에 의한 민주화: ④ 권위주의정권 내부로부터 민주화 실시
반대세력에 의한 민주화: ⑤ 사회주도의 정권종식, ⑥ 정당연합, ⑦ 민주적 개혁정당과 결합된 조직화된 폭력적 반란, ⑧ 마르크스주의 주도의 혁명전쟁.

18) 어수영, 1988: 43-44에서는 위의 8가지 유형에 의거해 ① 외국군 재점령에 의해 내부로부터 민주복귀, ② 외국 점령군에 의한 민주주의 이식, ③ 권위주의체제 내부로부터 민간인 정치가에 의한 민주화, ④ 권위주의체제 내부로부터 군부에 의한 민주화, ⑤ 권위주의국가에서 야당 혹은 민중세력에 의한 민주화, ⑥ 집권세력과 야권의 협약에 의한 민주화로 분류했다.

19) 박정희의 1963년 10월 15일 대통령선거 시행과 민정이양은 군부 내부에 의한 민주화로 볼 수 있으나, 군복만을 벗은 위장민정의 성격이 강했으므로 결과적으로 보면 민주화 시도라기보다는 정권연장의 시도로 볼 수 있다. 이렇듯 체제 내부의 군부 지도자들에 의한 민주화는 민주화라기보다는 집권연장 시도일 가능성이 많으므로 실패한 민주화로 귀결될 가능성이 높은 케이스다. 한국에서 1979~80년간 진행된 신군부 집권과정도 군정을 연장한 경우다.

명적 전환의 성격이 짙은 케이스다. 그렇다면 한국의 민주화는 어떤 경우인가? 우리의 1980년대 민주화는 어느 케이스의 전형적 예는 아니며, 한국의 역사적 특수성에 부합되는 우리의 독특한 민주화 양식이었다. 국면 국면마다 적용할 수 있는 유형이 다른 가변적 유형이었다고 할 수 있다. 1987년 6월항쟁은 민중세력에 의한 아래부터의 민주화요구이며, 6·29선언은 권위주의체제 내부의 민주화 수용이었다. 1990년 1월 22일의 3당합당은 체제와 야당간의 야합에 의한 민주화·군정연장의 동상이몽적 성격을 가지고 있었으며 1992년 12월 18일 김영삼의 대통령 당선으로 문민정부를 열게 된 것은 군정을 종식시킨 민주화시도로서 체제와 야당간 타협에 의한 민주화시도가 결실을 맺은 것이었다고 할 수 있다. 1997년 12월 18일의 김대중 대통령 당선은 야당에 의한 민주화달성이라고 할 수 있다. 따라서 우리의 민주화는 ④에서부터 시작해 ②를 거쳐 ③으로 오는 우회적이고 장기적인 10년 과정이었다고 평가할 수 있다. 또한 김영삼·김대중정부는 민주화 이후 민주주의의 공고화(consolidation)를 시행하였지만 그 단기적 성과에 대한 평가는 그렇게 긍정적이지만은 않다.

3. 쉐인과 린츠의 과도정부 이론

1) 과도정부의 의미와 특징

권위주의정권의 민주화 이행문제는 많은 정치학자들의 연구대상이 돼 왔는데, 대다수 학자들의 관심은 권위주의정권이 어떻게 붕괴돼 어떤 유형의 민주주의 이행과정을 거쳐 민주화돼 가는가에 집중돼 있었다.

일반적으로 권위주의정부가 퇴장하면서 곧바로 민주주의 또는 또 다른 권위주의정부로 이행되기도 하지만 어떤 경우에는 구체제에서 새로운 체제로의 이행과정에서 구체제 붕괴와 신체제 성립 사이에 공백기를 관리하는 과도정부가 나타나는 경우도 많은데, 이 과도정부는 정권의 이행과정에서 새로운 정권의 성립과정과 형태에 결정적 영향을 미치기 때문에 정권 변천사를 이해하는 데 매우 중요한 연구대상이라고 할 수 있다.

그럼에도 불구하고 그 동안 정치학계에서는 민주주의정권 수립에 기여하는 과도정부에 대한 이론적 관심이 부족했던 것이 사실이며, 더욱이 과도정부가 정권 이행과정에 미치는 영향은 무시할 수 없는 요소이기 때문에 이러한 무관심은 민주주의 이행 연구에 심각한 결함이라고 할 수 있다(Shain and Linz, 1995: 4).

쉐인과 린츠는 민주주의 이행과정에서 과도정부의 중요성을 간파하고, 권위주의정부의 민주주의로의 이행과정에 대한 연구에서 한 단계 진전해 과도정부에 대한 이론체계 정립을 시도했다. 이 과정에서 과도정부의 역할은 무엇이고, 과도정부가 갖는 일반적 특성은 무엇인가를 정리하고, 과도정부가 구성되는 과정을 유형별로 혁명적 과도정부(opposition-led provisional governments), 권력할당 과도정부(power-sharing interim governments), 현직대행 과도정부(caretaker interim governments), 국제적 과도정부(international interim governments) 4개 모델로 제시하는 한편(Shain and Linz, 1995: 5), 과도정부하에서 선거의 문제 등 과도정부에 대한 체계적인 이론을 정립했다.

체제이행 과정에서 생기는 과도정부는 구체제가 왕정이든 독재정권이든 새로운 정권의 탄생에 막대한 영향을 미치며, 독재정권에서 민주주의가 탄생하기도 하고, 유사민주주의 또는 다른 형태의 독재정권으로 회귀현상이 나타나기도 하지만, 민주정권의 탄생을 위해서는 형태가 어떻고 결과가 어떻든 과도정부 수립은 필수적일 수 있다.

또한 과도정부의 가장 중요한 문제로 정통성문제를 지적한다. 즉 과도정부의 최대 약점은 자유경쟁 선거에 의해 뽑힌 정권처럼 민주주의적 권한이 없다는 것인데, 주된 이유는 정통성이 없다는 것이며, 이처럼 정통성이 부족하기 때문에 '과도정부'라는 용어를 사용하게 된다. 정권을 지속시키면서 통치하기 위해서는 그 정권을 뒷받침하는 정통성이 필수적인 요소이며, 이러한 정통성을 갖추지 못한 정권은 반대세력들의 도전에 직면해 단명에 그칠 수밖에 없다. 따라서 과도정부의 최대 과제는 자유선거를 통해 정통성을 확립하고, 조속히 새로운 정부를 탄생시키는 것이다(Shain and Linz, 1995: 5-10).

쉐인과 린츠는 과도정부의 일반적 특징으로 과도정부가 정통성과 합법성 사이에서 갈등을 겪는다는 사실을 들고 있다. 민주주의이념은 정치권력을 정당화하는 데 사용되는 최고의 윤리적 원칙으로 현시대에서는 이것이 '법에 의한 통치'로 해석되고 있다. 이에 따라 비민주주의정권을 포함한 대다수의 정권은 '국가와 법'의 관계, 즉 일반적 국가의 중심이 되는 이념으로 '법에 의한 통치'에 특별한 관심을 갖게 된다(Shain and Linz, 1995: 10-14).

그런데 합법성과 정통성의 개념에는 현격한 차이가 있다. 합법성이라는 단어가 종종 잘못 사용되는 사례를 찾아볼 수 있는데, 독일의 나치정권처럼 정통성이 없는 많은 독재정부들이 합법성을 내세워 독단적인 권력을 사용해 왔으며, 민주주의의 이름 아래 창조된 가상의 합법주의를 폭로하기 위해 남미국가들은 민주화를 달성한 후 진실을 밝히려는 캠페인을 실행하기도 했다. 이런 과정에서 국가의 인권침해와 테러에 대한 진상이 밝혀졌고, 군사정권이 합법성에 지나치게 사로잡혀 있었던 사실도 확인할 수 있었다.

결국 과도정부의 출현은 정부의 정통성에서 시작하지만 정부의 합법성은 새 정부가 출범하기 전에 국가기관의 정상적 운영을 통해 국가의 연속성을 보장해 주기 때문에 무시할 수 없는 요소다. 즉 퇴임정부와 반대파들이 민주주의를 돕는 국가기관의 역할을 인정하게 되면 민주화과정은 한결 원활하게 진행될 수 있기 때문이며, 여기에서 선(先)정통성, 후(後)합법성 전략과 선(先)합법성, 후(後)정통성 전략이 충돌하게 되는데, 혁명적 과도정부에서는 전자를 우선으로 하며, 비(非)혁명적 과도정부에서는 후자를 우선으로 한다는 것이다(Shain and Linz, 1995: 14-15).

2) 과도정부 수립의 4개 유형

앞서 언급한 쉐인과 린츠의 4가지 유형화를 보다 심층적으로 살펴보고자 한다.

(1) 혁명적 과도정부

혁명적 과도정부는 주로 쿠데타, 내란 또는 외부침략과 같은 혼란으로 인해 현정부의 몰락으로 탄생되는 과도정부로서 이 과도정부는 다양한 도전으로 포위돼 있다. 첫째, 그들은 자신의 정권을 민주적이라고 밝히고 있으나 자유선거를 실행하지 못한 상태이므로 정권 존재의 정통성이 부족하며,[20] 둘째, 혁명적 과도정부는 옛 정부의 합법성에서 비롯되는 이점을 즐기지 못한다. 즉 과거 정부의 합법성은 국가기관의 정상적 운영을 보장해 주나 이러한 이점을 활용하지 못하며, 셋째, 혁명적 과도정부는 주로 특별법령을 통해 통치하기 때문에[21] 정작 옛 정부의 합법주의에 의존하고 싶어도 혁명주의의 열정, 옛 정부의 절차에 대한 불신, 그리고 경쟁하는 세력의 등장 가능성이 이를 가로막는다 (Shain and Linz, 1995: 29-30).

혁명적 과도정부는 권력의 포기를 꺼려한다. 즉 정부의 정통성을 위해 대규모 시위, 대중을 동원한 유세 또는 위장된 국민투표, 그리고 자유투표를 실행하겠다는 불명료한 약속 등 다양한 방법을 활용하지만 끝내는 권력을 포기하지 못하고 종종 또 다른 독재정권으로 회귀하게 된다.[22]

혁명적 과도정부의 또 다른 특징은 마르크스주의에 치우치게 된다는 것이다. 혁명주의 정부는 즉결재판권을 실행한 후 퇴임정부의 지도자들을 신속히 처형하는 경향이 있는데, 1980년대 이전까지만 해도 많은 혁명주의 정부는 그들의 권력을 이용해 오래된 경쟁세력을 부패청산을 이유로 괴멸시키곤 했다(Shain and Linz,

---

20) 전두환정권은 최규하 대통령으로부터의 불명확한 정권이양 과정, 간선제에 의한 대통령 당선 등으로 집권 내내 정통성 시비에 휘말렸다.

21) 박정희는 국가재건최고회의에서 국가재건비상조치법으로 정부권한을 장악했고, 전두환은 국가보위비상대책위와 국보위입법회의를 통해 정권을 장악했다.

22) 우리 역사에서도 5·16 및 12·12군사쿠데타 이후의 군사정권 탄생은 이를 증명해 주고 있다.

1995: 34).

한편 혁명적 과도정부의 지도자들은 때로 자신들의 정통성 확보를 위해 온건주의자를 활용하기도 한다. 민주주의로의 이행을 추구하는 과도정부는 한시적이어서 중요사업을 실행할 권한이 없으며, 국가의 모든 문제의 즉각적인 해결 및 발전을 원하는 대중의 기대와 압박 때문에 딜레마에 빠지게 되는데, 이런 시기에 독재정권은 온건주의자에게 압력을 가해 혁명주의자와 손을 잡을 수밖에 없도록 하지만, 이란의 혁명에서 보듯이 후에 혁명주의자들은 온건주의자들의 허를 찌르고 정권을 독차지하게 된다.

(2) 권력할당 과도정부

혁명주의 과도정부와 달리 권력할당 과도정부는 현직정부와 반대세력의 단기적인 합의하에 구성된 정부모델이다. 즉 현직 독재정부와 이에 대항하는 민주세력이 정부권력 집행권을 임시적으로 분배한 과도정부이다(Shain and Linz, 1995: 41).

이 모델의 주요 초점은 선거 전(前)의 규칙확정이다. 혁명적 과도정부는 자신에게 절대적으로 유리한 선거규칙을 만들고 시기를 선택하지만, 권력할당 과도정부는 기존세력과 적당한 타협을 통해 선거를 치르게 된다. 즉 과도정부를 구성하는 정당 사이에 권력분배의 지속성과 정당성에 대한 정식합의가 없으며, 약화된 현직정권이 통제권을 발휘할 만한 힘이 있을 때 형성되고, 이들이 장차 구성될 민주국가에서 정치적 위치를 확보하기 위해 권력을 나누는 형태다.

이러한 권력의 할당과 연합은 종종 구정부가 몰락하고서야 구체화된다. 이러한 경우 반대세력의 부족한 권력수행 준비상태와 혼란의 위협이 혼합돼 수명이 짧은 연합이 탄생하게 되며, 권력 할당 방식은 민주화의 전체과정을 촉진 또는 늦출 수 있다. 즉 변화과정의 템포는 퇴임정부 엘리트들의 개혁파와 보수파의 조화에 대한 의존도, 조직 내부의 과격주의 요소를 통제할 수 있는 반대세력 지도자의 능력, 그리고 계획에 따른 순조로운 권력이행에 대한 합의 여부에 따라 결정된다.

그런데 어떤 경우에는 민주주의세력은 연합 과도정부의 구성을 꺼려한다. 이는 인기가 없는 현직정부와의 연합이 부담스럽기 때문이다. 그러나 그렇게 대처할 경우 민주주의세력은 장차 있을 수 있는 보복을 두려워하는 퇴임세력 내부의 일부세력을 소외시킬 수도 있다. 과도정부 설립을 반대하는 것이 오히려 현직정권의 정통성을 강화하거나, 우연하게도 선거에서 그들의 승리를 도울 수도 있는 것이다(Shain and Linz, 1995: 43-47).

구체제의 몰락은 공백을 창조하게 되는데, 이로 인한 국가기관의 무능력, 국가자본의 도난방지, 그리고 시민사회와 정당을 양육하는 일은 보통 까다로운 과제가 아닐 수 없다. 특히 구체제가 군주제정권일 경우 비민주주의 정권으로 교체될 가능성이 많으며, 두 정부의 정치적 특성은 비슷하게 된다.

⑶ 현직대행 과도정부

현직대행 과도정부는 퇴임하는 독재정부 또는 현직정권의 엘리트가 경제적 하락, 지배자들 사이에 심각한 불화, 그리고 반대세력의 위협 또는 반란과 같은 역경 속에서 일시적으로 정권의 민주화를 수행해가면서 창조된 정부이다.[23]

대행 과도정부는 두 가지 특성을 가지고 있다. 하나는 정권의 한시성이며 다른 하나는 제한적인 역할수행인데, 여기서 한시성이란 과도정부가 선거를 최종목표로 삼고 있다는 것이며, 대행 과도정부의 제한적인 역할은 대행 과도정부가 정부의 제한적인 정통성의 부족 또는 부재로 인해 민주화와 관계되는 중요한 결정 외의 다른 결단을 내릴 수가 없다는 것이다. 즉 이러한 형태의 과도정부는 의회중심의 정부로서 일상적 업무와 매우 시급한 업무만 수행하게 되는데, 구소련과 같이 역사적으로 분열이 심한 국가에서는 현직정부가 이끄는 변천은 강한 반발을 불러일으킬 수 있는 것이다(Shain and Linz, 1995: 52-53).

그런데 대행 과도정부는 상당한 폭력유발을 불러일으킬 수도 있지만 현직정부가 국민의 여망을 왜곡하지 않는 한, 그들은 효과적인 대행 과도정부가 될 수 있으며, 성실하게 행동하는 현직대행 과도정부가 실시하는 이행은 권력할당 과도정부와 혁명적 과도정부가 이끄는 이행보다 더 성공적으로 진행된다고 할 수 있다.

대행 과도정부의 최종목적은 국민들이 선출한 정부에 권력을 양도해 주는 것이며, 그 이행기간 동안 질서를 유지하고 권력을 포기하지 않은 상태에서 반대세력들을 배려해 주기 때문에 권력의 공백이 있는 상황에서는 대행 과도정부가 적합하지만, 이런 모델이 성공하기 위해서는 반대세력들과 시민들이 현정권의 성실한 의도를 믿어 주어야 하며, 정권의 개혁자들이 대행 과도정부를 이끄는 역할을 해야 한다.

---

23) 최장집은 허정 과도정부는 권력을 이양하기로 결정한 이승만정권이 다음 총선거를 통해 새로운 정권이 수립될 때까지 권력의 안정적 이양을 목적으로 수립된 것이기 때문에 현직대행 과도정부의 범주에 속한다고 주장했다(최장집, 1996: 45 참조).

⑷ 국제적 과도정부

국제적 과도정부는 국제사회가 유엔 등 국제기구를 통해 어느 한 국가의 민주화를 감시·감독하는 역할을 수행하면서 탄생하는 과도정부이다.24) 유엔이 국제적 과도정부로서 어느 한 국가의 정치에 개입하는 것은 국가가 파멸하지 않고 국가기관이 대부분 존재하는 상황에서만 가능한데, 현 정권이 비록 심하게 약화됐으나 다른 세력들로 인해 완전히 정통성을 잃은 상태는 아니며, 국가기관과 폭력을 강력하게 통제하고 있을 때 가능한 것이다.

국제적 과도정부가 효율적이기 위해서는 갈등에 포함된 세력들이 갈등을 자제하려 하고, 반대세력 지도자들의 행동에 영향을 미칠 수 있는 강한 위치에 있는 해외 후원국들에게 복종하며, 반대세력간에 서로를 민주주의적 또는 그 외의 방식으로 배려해 주는 것에 관심이 있고, 해외 후원국들 또한 이를 지지해야 한다. 라이벌 세력 사이에 극단적 입장이 있을 수 있겠지만, 모든 정치권의 반대세력들과 대중이 존경하는 상징적인 중심 권력자가 존재한다면 의사소통을 뒷받침해 줌으로써 과도정부의 긍정적 요소가 될 수 있을 것이다.

특히 냉전시대 이후 UN의 임무는 나미비아나 캄보디아에서처럼 평화유지에서 정치적 활동자로 역할을 전환해 반대세력의 무력화를 통해 자유선거를 시행하는 것으로 변화됐다. 이 모델이 성공하기 위해선 현직정부가 라이벌세력들과의 협력을 통해 민주화를 실현해야 하는데, 이러한 과도정부는 한 국가가 시민들의

---

24) 해방 후 우리나라에서 실시된 군정은 유엔에 의한 과도정부는 아니지만 연합군의 일원으로 미국이 진주해 군정을 실시했다는 측면에서 국제적 과도정부의 범주에 포함시킬 수 있을 것이다.

인권과 자유를 인정하고 자유롭고 공정한 선거를 치르는 데 결정적 역할을 한다(Shain and Linz, 1995: 63-65).

3) 과도정부와 선거

과도정부의 최종목표는 자유선거의 실행이며, 비민주주의정권조차도 민중의 지지를 위해 자유선거 실행을 공약하는 경우가 있을 만큼 과도정부에게 선거는 가장 중요한 과제이기 때문에 (Shain and Linz, 1995: 8-9) 쉐인과 린츠는 선거문제에 대해 상세하게 이론적으로 검토했다.

과도정부는 민주화과정을 인도할 만한 규칙이 없기 때문에 민주화를 진행하면서 스스로 규칙과 법을 창조해야 하며, 목적은 선거의 실행이지만, 최초의 선거를 치르고도 국가의 민주화가 완벽하게 실현된 것은 아니기 때문에 최초의 선거 이후 정기적인 입법선거를 실현해야 이것으로 정권의 정당성을 인정받을 수 있다. 즉 과도정부는 자유 국민선거를 마치고 의회가 소집돼 새 대통령이 취임하는 것으로 막을 내리기 때문에 과도정부에서 선거의 의미는 아무리 강조해도 지나치지 않은 것이다.

쉐인과 린츠는 선거관리에서 가장 중요한 요소로 선거시기의 선택을 들고 있다. 즉 팔마의 조속한 선거 주장과 헌팅턴의 반대 주장을 비교하면서 신속한 선거 실행에 대한 찬반 양론을 떠나 과도정부가 어느 시기에 선거를 치르는가는 중요한 과제임에 틀림없으며, 선거를 실시하겠다는 과도정부의 발표는 과도정부의 큰 업적이지만, 선거일의 확정은 정치적 활력과 기대감을 유발시키고, 선거일에 대해 대중들의 관점에서 공정하다고 여겨지면 평화적인 이행과정의 가능성을 그만큼 높일 수 있다고 주장했다 (Shain and Linz, 1995: 78). 그리고 반대세력의 요구의 절제, 시위와 반란의 억제, 과도정부에 압력을 가해 개방적인 개혁을 요구하는 등 공백기간 동안 반대세력을 지지하는 해외세력들의 군사지원을 방지함으로써 평화적 이행이 이루어진다는 것이다.

팔마는 민주화과정은 최대한 신속히 이루어져야 한다고 주장한다. 즉 구정부의 본질, 정치문화 또는 사회·정치적 특징을 떠나 빠른 선거가 무질서를 억제할 수 있으며 선거가 민주화의 과정을 보호할 수 있다고 주장한다(Palma, 1990: 85). 이에 비해 헌팅턴은 조급한 선거의 실행은 오랜 민주주의 관습을 방해할 뿐더러 현대 관료주의가 결여돼 있고, 경제적 낙후로 인한 가난과 오랜 기간 사회적·경제적 자유를 누리지 못한 후진국의 안정을 위협한다고 한다. 또한 그는 자유민주주의에 적대하는 국가가 신속한 민주주의 도입에 동의할 것인지에 대한 의문도 제기하고 있다(Huntington, 1993: 제6장 참조).

루이스는 이슬람교가 본질적으로 자유민주주의 성장을 반대하는 것은 아니나 미국이 이슬람권의 온건주의 정권들에게 신속한 민주화를 강요하다 보면 오히려 정부의 힘이 약화돼, 독재정권에 의한 추방이 있을 수도 있다고 지적한다(Lewis, 1993: 98). 또한 과디아노는 공산주의가 몰락한 국가의 경우 신속한 민주선거의 실행이 무정부상태, 무법상태, 독재자정권의 복귀를 불러일으킬 수 있다고 주장하면서 독재주의 통치에 경제적 자유의 증가를 혼합한 중국식 개혁·개방모델을 지지한다(Guardiano, 1992: 22 참조).

쉐인과 린츠는 선거일 채택을 과도정부 형태와 관련해서 논했다. 즉 권력할당 과도정부에서는 선거일자와 선거법은 현직정부와 반대세력 사이의 협상에서 비롯되는데, 선거일자에 대한 문제는 강한 현직정부가 존재하는 대행 과도정부 또는 혁명적 과도정부에서 더 큰 논쟁점이 된다는 것이다. 특히 혁명적 과도정부에서는 정권을 쥐고 있는 엘리트들이 선거전 절차를 정해 자신들의 이익을 위해 선거일자를 조정하려는 경우도 있다는 것이다. 한편 선거일자를 너무 일찍 잡으면 조직이 문란한 반대세력이 선거를 준비할 시간적 여유가 없기 때문에 선거에서 패할 경우 선거부정 문제로 비난을 받을 수 있다고 지적한다. 또 반대로 선거를 미루다 보면 민주주의로 이행하고 있는 과도정부의 권한을 저해할 수 있는데, 이는 극단적으로 정권의 전복을 불러일으킬 만한 빌미를 마련해 주는 계기가 될 수도 있는 것이다.

특히 1989~90년 사이에 일어난 동유럽국가 붕괴과정은 선거일자에 대한 중요성을 느끼게 했는데, 민주화를 원하던 많은 세력이 딜레마에 빠졌는바, 신속한 선거를 통해 공산당의 복귀를 저지할 것인가, 아니면 선거일을 연기해 좀더 조직구성에 신중을 기할 것인가가 중요한 변수로 작용했다는 것이다.

또한 현직 독재주의정권이 선거일자를 일방적으로 잡으면 반대세력들이 체제를 구성하는 데 상당한 어려움을 겪게 된다고 주장한다. 선거일자의 지정과 민주화를 향한 단계적인 절차는 대행 과도정부에게 일시적인 정권의 정통성을 부여하므로 이런 정부는 과거에서 비롯되는 합법성과 민주주의적 미래에 근거를 둔 정통성의 이점을 즐길 수 있게 된다는 것이다.

혁명적 상황에서는 선거일자를 확정하는 것이 더욱 중요한 변수인데, 혁명주의자들이 이끄는 과도정부는 민주화를 회피할 가능성이 가장 높기 때문에 선거일자를 연기하다가 결국은 선거 자체를 취소할 수도 있으며, 민주화를 목적으로 한 이행과정이 오히려 혁명주의 독재정권을 재창조할 수도 있다는 것이다.

쉐인과 린츠는 선거시스템을 정하는 절차에 대해 검토했다. 어떤 선거의 실행이 구체제에서 민주주의체제로의 이행을 이끄는지 불투명하고, 또한 최초로 실시되는 모든 선거가 '새 정권을 설립하는 선거'는 아니며, 어떤 국가에서는 오랜 기간 연속되는 선거가 민주화과정의 마지막 단계를 어둡게 하는 경우도 있다는 것이다.

어떤 상황에서 선거가 실행되는가는 민주정권의 장래에 중심적인 역할을 하는데, 선거에 의한 민주정권 수립을 3가지 형태로 분류했다(Shain and Linz, 1995: 83). 첫째는 직접선거에서 당선된 대통령이 지정된 기간에 의회의 신임투표 없이 정당하게 권력을 행사하는 것이며, 둘째는 의회선거의 실행에서 선출된 입법부가 집행권을 이용해 내각과 국무총리를 선출하게 하는 것이고,[25] 셋째는 정부에게 책임이 없는 제헌의회를 선출해 어떤 형태의 과도정부가 헌법이 제정되기 전까지, 그리고 정부를 수립하기 위한 새 대통령 또는 새 국회의원 선거를 치르기 전까지 지속되는 형태다.[26]

그런데 여기에서 의회, 대통령 또는 제헌의회 등 어떤 형태의 기관을 최초로 선출할 것인가에 대한 결정은 행정부와 입법부의 관계, 정당의 임무, 그리고 총체적인 정치적 과정에 중대한 역할을 한다는 것이다.

---

[25] 허정 과도정부가 총선에 의해 새로운 국회를 구성하고, 여기에서 대통령과 총리를 선출한 것이 그 예다.

[26] 미군정에서 남한만의 새로운 정부를 탄생시키는 과정이 이에 해당한다고 볼 수 있다.

4) 한국 헌정사에 출현했던 과도정부

쉐인과 린츠의 과도정부에 관한 이론에 의하면 한국정치사에서 과도정부에 관한 새로운 문제를 제기할 수 있다. 즉 혁명적 과도정부의 한 형태로서 실질적 지배권 없이 해외에서 망명정부를 선언하거나, 반대로 국외세력이 민주화를 위장한 괴뢰정권을 수립하기도 하는데, 쉐인과 린츠는 상해 대한민국임시정부를 실질적 지배권 없이 해외에서 망명정부를 선언한 과도정부로 분류하고 있다.27)

해방 이후 민주주의를 경험하지 못한 한국에 미군이 주둔해 제1공화국을 탄생시킨 미군정의 경우 나미비아나 캄보디아처럼 유엔이 직접 민주화를 감시·감독한 것은 아니었지만, 1948년 남한 총선거에 유엔의 감시가 있었으므로 미국에 의한 국제적 과도정부의 범주에 해당한다고 할 수 있으며, 박정희가 주도한 5·16군사쿠데타 이후 민정이양이 이루어지지 전까지 1961~63년 사이의 군정은 혁명적 과도정부의 범주에 넣을 수 있다. 따라서 쉐인과 린츠의 이론에 의하면 한국 정치사에서 과도정부는 상해 대한민국임시정부, 미군정, 허정 과도정부, 박정희 군사 과도정부, 최규하 과도정부, 전두환 과도정부 등 6개의 과도정부가 존재한다고 할 수 있다.

그러나 광의의 과도정부로는 쉐인과 린츠가 주장하는 4개 유

---

27) Shain and Linz, 1995: 39. 한편 쉐인은 망명정부에 관심이 있어 다음과 같은 책을 편집하기도 했다. Yossi Shain, eds., *Governments-in-exile in Contemporary World Politics* (New York: Routledge, 1991).

형의 과도정부를 인정할 수 있으나, 협의의 과도정부는 역시 현직대행 과도정부가 통상적 개념의 과도정부다. 따라서 한국정치사에서 전형적인 과도정부는 기존의 인식처럼 4·19혁명이라는 돌발사태에 의해 이승만 독재정권이 붕괴하면서 성립된 허정 과도정부와 10·26 대통령 시해사건으로 성립된 최규하정부이며(정주신, 1997: 289; 최정원, 1989: 1), 상해 임시정부나 박정희 및 전두환 군사 과도정부는 우리 정치사에서 과도정부의 범주에 넣기에는 다소 무리가 있다. 따라서 한국정치 발전에 한 계기가 되었기에 정치사적으로 긍정적·부정적 평가를 받는 허정내각과 최규하정부를 주된 대상으로 삼아 본 저서를 구성하고자 한다.

참고문헌

김세중, 1998, "과도정부와 정치발전," 한국정신문화연구원 편, 『1960년대의 전환기적 상황과 장면정권』, 도서출판 오름.
김용서, 1988, "역사적 문맥에서 본 스페인의 민주화," 구범모 외, 『민주화과정의 국제적 비교와 한국』, 성남: 한국정신문화연구원.
로웬달, 아브라함, 1987, "책머리에," 오도넬, 기유에모·슈미터, 필립 C.·화이트헤드, 로렌스 공편, 『권위주의정권의 해체와 민주화: 제3세계 민주화의 조건과 전망』, 염홍철 역, 도서출판 한울.
루끼에, 알랭, 1987, "라틴아메리카 군부지배 국가의 탈군부화와 제도화," 오도넬·슈미터·화이트헤드 공편, 염홍철 역, 『권위주의 정권의 해체와 민주화: 제3세계 민주화의 조건과 전망』, 도서출판 한울.

린츠, J. · 스테판 A., 1999, 『민주화의 이론과 사례: 이상과 현실의 갈등』, 김유남 외 역, 三英社.
쉐보르스키, 아담 1987, "민주주의이행에 관한 연구의 몇 가지 문제점," 오도넬 · 슈미터 · 화이트헤드 공편, 염홍철 역, 『권위주의 정권의 해체와 민주화: 제3세계 민주화의 조건과 전망』, 한울.
스테판, 알프레드 1987, "재민주화로의 경로: 이론적 · 비교적 고찰," 오도넬 · 슈미터 · 화이트헤드 공편, 염홍철 역, 『권위주의정권의 해체와 민주화: 제3세계 민주화의 조건과 전망』, 한울.
안해균, 1986, "위기관리정부의 행정체제," 『한국행정체제론: 정치행정 분석의 체계적 접근』, 서울대학교출판부.
어수영, 1988, "권위주의체제로부터의 민주화과정," 구범모 외, 『민주화과정의 국제적 비교와 한국』, 성남: 한국정신문화연구원.
오도넬, G. · 슈미트, P. C., 1987, 『독재의 극복과 민주화: 권위주의정권 이후의 정치생활』, 한완상 · 김기환 역, 다리.
오도넬, 기유에모 · 슈미터, 필립 C. · 화이트헤드, 렌스 공편, 1987, 『권위주의 정권의 해체와 민주화: 제3세계 민주화의 조건과 전망』, 염홍철 역, 한울.
오도넬, G. · 슈미터, 필립 C. · 화이트헤드, L. 공편, 1988, 『라틴아메리카와 민주화: 아르헨티나 볼리비아 브라질 칠레 멕시코 페루 우루과이 베네주엘라』, 염홍철 역, 한울.
오도넬, G. · 슈미터, 필립 C. · 화이트헤드, L. 공편, 1989, 『남부유럽과 민주화: 이태리 그리스 포르투갈 스페인 터키』, 염홍철 역, 한울아카데미.
정주신, 1997, "한국에서 과도정부의 정권이양에 관한 연구: 허정(1960. 4~ 60. 8), 최규하정부(1979. 10~1980. 8)를 중심으로," 『경희대고황논집』, 경희대학교.
차기벽, 1983, "4·19, 과도정부, 장면정부의 의의," 강만길 외, 『4월혁명론』, 한길사.

최장집, 1996, "제2공화국하에서의 민주주의의 등장과 실패," 백영철 편, 『제2공화국과 한국민주주의』, 나남신서.

최정원, 1989, "과도정부의 특징과 정치수행 실적간의 관계연구: 허정 과도정부와 최규하 과도정부의 비교," 연세대학교 정치학과 석사학위논문.

카우프만, 로버트, 1987, "남아메리카의 자유화와 민주화: 1970년대로부터의 전망," 오도넬·슈미터·화이트헤드 공편, 염홍철 역, 『권위주의정권의 해체와 민주화: 제3세계 민주화의 조건과 전망』, 한울.

Chehabi, H. E. and Stepan, Alfred, eds., 1995, *Politics, Society and Democracy: Comparative Studies*, Boulder: Westview Press.

Dunn, John, 1999, "Democracy and Development?," Ian Shapiro & Casiano Hacker-Cordón, eds., *Democracy's Value*, Cambridge, UK: Cambridge University Press.

Guardiano, John R., 1992, "Why Political Democracy Hurts Russia's Economic Reform," *The New York Times*, Letters to the editor, December 12,

Hollifield, James F. and Jillson, Calvin eds., 2000, *Pathways to Democracy: The Political Economy of Democratic Transitions*, New York: Routledge.

Huntington, Samuel P., 1993, *The Third Wave: Democratization in the Late Twentieth Century*, Norman, Oklahoma: University of Oklahoma Press.

Lewis, Bernard, 1993, "Islam and Liberal Democracy," *The Atlantic Monthly*, February.

Linz, Juan J., 1975, "Totalitarian and Authoritarian Regimes," Fred Greenstein and Nelson Polsby, eds., *Handbook of Political Science, Volume 3: Macropolitical Theory*, Reading,

Massachusetts: Addison-Wesley Publishing Company.

Linz, Juan J., 2000, *Totalitarian and Authoritarian Regimes*, Colorado: Lynne Reinner Publishers.

Linz, Juan J. and Stepan, Alfred, 1996, *Problems of Democratic Transition and Consolidation: Southern Europe, South America. and Post-communist Europe*, Baltimore: The Johns Hopkins University Press.

James W. McGuire, 1995, "Interim Government and Democratic Consolidation: Argentina in Comparative Perspective," Shain and Linz, eds., *Between States: Interim Governments and Democratic Transitions*, New York: Cambridge University Press.

Mainwaring, Scott P., 1992, "Transitions to Democracy and Democratic Consolidation: Theoretical and Comparative Issues," Scott P. Mainwaring, Guillermo O'Donnell and J. Samuel Valenzuela, eds., *Issues in Democratic Consolidation*, Notre Dame: University of Notre Dame Press.

Mainwaring, Scott P., 1999, *Rethinking Party Systems in the Third Wave of Democratization: the Case of Brazil*, Stanford, Calif.: Stanford University Press.

O'Donnell, Guillermo and Schmitter, Philippe C. 1986, *Transition from Authoritarian Rule: Tentative Conclusions about Uncertain Democracies*, Baltimore: The Johns Hopkins University Press.

O'Donnell, Guillermo, Schmitter, Philippe C. and Whitehead, Laurence, eds., 1986a, *Transitions from Authoritarian Rule: Comparative Perspectives*, Baltimore: The Johns Hopkins University Press.

O'Donnell, Guillermo, Schmitter, Philippe C. and Whitehead, Laurence, eds., 1986b, *Transitions from Authoritarian Rule: Latin America*, Baltimore: The Johns Hopkins University Press.

O'Donnell, Guillermo, Schmitter, Philippe C. and Whitehead, Laurence, eds., 1986c, *Transitions from Authoritarian Rule: Southern Europe,* Baltimore: The Johns Hopkins University Press.

Palma, Giuseppe Di, 1990, *To Craft Democracies: An Essay on Democratic Transitions,* Berkeley: University of California Press.

Shain, Yossi, 1995, "Minimum Claims, Maximum Gains: The Advantages of Juan Linz's Definition of Democracy," Chehabi and Stepan, Politics, *Society and Democracy: Comparative Studies,* Boulder: Westview Press.

Shain, Yossi and Linz, Juan J., eds., 1995, *Between States: Interim Governments and Democratic Transitions,* New York: Cambridge University Press.

과도정부기 정치지형의 변화와
체제변이 과정의 비교

정 영 국

1. 문제의 제기

　1945년 8월 해방 이후 한국 현대정치사는 4번의 과도정부기를 경험했다. 해방 이후 정부수립까지의 미군정기, 1960년 4·19혁명 이후 제2공화국 출범까지의 허정내각, 1961년 5·16쿠데타 이후 제3공화국 출범까지의 군사정부기, 그리고 1979년 10·26사건 이후 제5공화국 출범까지의 최규하정부기가 그것이다. 하나의 정치체제로부터 다른 체제로의 변이과정의 중간기간을 의미하는 과도기는 기존 정권의 예기치 않은 퇴장으로 형성된 짧은 기간 동안의 정치적 공백기이긴 하나, 새로운 체제와 권력의 성격과 구조를 결정하는 결정적 기간이다(O'Donnell and Schmitter, 1986: 7-8).

그만큼 과도기는 정치사회적 유동성과 불확실성이 높게 나타날 수밖에 없으며, 그 기간을 관리하는 과도정부의 역할이 중요하지 않을 수 없다.

새로이 등장한 체제와 정권하에서의 정치적 전개과정은 기존 체제로부터 단절돼 있는 것이 아니라, 오히려 기존 체제의 유산적 산물일 수 있으며, 또한 그 위에서 작동하는 것이다. 따라서 과도기정치에 대한 연구는 기존 체제와 새로운 체제간 체제변이 과정의 중계적 정치를 분석하는 것이라 할 수 있다. 이런 점에서 과도기정치에 관한 연구는 한국 현대정치사에 대한 연속적 이해와 설명을 위해 매우 긴요한 연구라고 하지 않을 수 없다. 그러나 한국 현대정치사에 나타나는 이러한 과도기에 대한 기존의 연구는 매우 미흡한 실정이다. 특히 과도기 자체를 본격적으로 연구한 연구성과는 거의 찾아볼 수 없을 정도로 드물다. 과도기 정치에 관한 이러한 연구성과의 공백상태는 한국 현대정치사의 전개에 대한 연속적 이해를 저해할 수 있다.

이러한 문제의식에서 본 연구는 4·19혁명 이후 1960년 4월 27일부터 8월 17일 장면정부 출범까지 약 4개월간의 과도기를 관리한 허정내각기와 1979년 10·26사건 이후 1981년 2월 25일 제5공화국 출범까지 1년 3개월간의 과도기를 관리한 최규하정부기의 정치과정을 비교·분석함으로써 정치에 대한 새로운 연구지평을 열어 보고자 한다. 두 기간은 기존의 권위주의체제가 급작스럽게 붕괴하고 민주화를 요구하는 사회적 요구가 분출하는 과정에서 새로운 체제와 권력의 구성을 준비하는 기간이었다는 공통점을 갖는다. 그러나 두 기간은 하나는 민주체제로의 이양으로, 다른 하나는 권위주의 체제복원으로 귀결됐다는 점에서 서로 상이한 결과를 낳았다. 이러한 결과는 과도정부의 정치적 리더십에 따른 차이보다는 새로운 체제의 수립을 둘러싼 권력구조의 분포와 역학관계의 차이에 기인한다고 할 수 있다. 정치변동은 궁극적으로 주어진 정치사회적 구조의 특징과 한계 내에서 권력 엘리트들의 '선택'이 상호 작용한 결과이기 때문이다. 따라서 본 연구는 두 과도정부 기간 동안의 정치과정을 정치사회적 구조의 한계 내에서 정치세력들의 전략적 선택에 따른 권력 역학관계의 산물로 파악하고자 한다.

2. 과도기정치를 보는 시각

정치적 의미에서 과도기란 하나의 정치체제로부터 다른 체제로 변이과정의 중간기간을 의미하는 것으로, 기존 정권의 붕괴로 나타난 짧은 기간 동안의 정치적 공백기이긴 하나, 새로운 체제와 권력의 성격과 구조를 결정하는 결정적 기간이다. 그만큼 과도기는 정치사회적 유동성과 불확실성이 높게 나타날 수밖에 없다. 과도정부란 바로 이러한 과도기의 체제변이를 관리하는 정부를 뜻한다.

4·19 직후의 허정내각과 10·26 이후의 최규하정부가 이와 같은 과도정부에 속한다고 볼 수 있다. 이 두 정부 시기의 정치적 과도기는 기존 권력의 급격한 붕괴에 의한 정치적 공백기에 해당된다는 점에서 유사하다. 그러나 전자는 그 체제변동의 동력이 '밖'에서 왔고, 후자는 그것이 '밖의 도전'에 대한 대응과정에서 '안'으로부터 촉발됐다는 점에서 차이가 난다. 이는 전자의 경우에는 과도기를 관리 또는 주도할 수 있는 기존 정부의 정치적

여력이 일거에 소진된 상황에 있었으나, 후자의 경우에는 여전히 체제 내 주도권 경쟁과 함께 '밖의 도전'에 대한 대응방향을 둘러싼 갈등 등에 의한 정치적 불안정성이 보다 높았다고 추론할 수 있다.

다른 한편으로 체제 내부의 갈등분포가 어떠하든 간에 기존 권력의 핵심이 급속히 붕괴된 상태에서는 그 동안 권력의 강제력에 의해 억압돼 왔던 각종 정치적·사회경제적 이익들이 분출하게 마련이다. 과도정부는 한편으로는 새로운 체제의 형성과 권력이양을 주도하면서 다른 한편으로는 이러한 새로운 사회경제적 갈등의 분출을 효과적으로 관리해야 하는 이중의 부담을 안게 마련이다. 그리고 과도기간이 길면 길수록 과도정부가 사회경제적 갈등으로부터 받게 되는 정치적 압력과 부담은 높아지게 되며, 그것은 곧 새로운 체제형성에 대한 과도정부의 권위와 역할을 약화시키는 요인으로 작동할 수도 있다. 허정내각과 최규하 정부는 이러한 차이를 비교할 수 있는 사례를 제공해 준다.

또한 정치적 과도기란 헌법의 개정과 선거를 통해 최종 정리되게 된다. 그러나 그 과정은 과도정부기의 정치세력 분포양상에 따라 상이하게 나타나게 마련이다. 예컨대 기존 정치세력이 결정적으로 붕괴하고, 대안세력이 분열돼 있지 않은 경우에는 새로운 체제형성까지의 기간과 정치적 과정이 매우 신속하게 전개될 수 있다. 반면에 기존 권력세력이 여전히 건재해 있는 경우에는 이 과정에서의 정치적 갈등이 대단히 심각하게, 또 거칠게 나타날 수 있으며, 특히 대안세력이 분열돼 있는 경우에는 그 정치적 불확실성과 혼란은 더욱 가중되게 마련이다(Stepan, 1986).

이러한 체제 이양기의 '정치적 공백기'를 관리하는 과도정부는 그 우연성과 통치 정통성의 제약, 지속기한의 한시성이라는 점에서 기본적으로 한정된 통치주권만을 행사할 수 있는 정부이긴 하나, 그것이 처한 정치사회적 환경과 구조에 따라 그 위상과 정치적 기능은 현저하게 달라질 수 있고, 또 그 결과도 크게 다를 수 있다. 그럼에도 불구하고 과도정부는 급작스런 권력붕괴에 따른 기본질서의 확립과 상황의 안정, 구 권위주의정권 아래서 자행된 권력남용에 대한 책임추궁 및 비민주적 법률과 제도의 개혁 등 권위주의 유산의 청산 및 정상적인 통치주권을 지닌 새로운 민주정부를 창출하는 정치과정의 공정한 관리(김세중, 1998: 21-23)라는 기본책무를 지게 된다.

그러나 과도정부의 이러한 역할은 과도정부기를 지배하는 사회·경제적 갈등구조와 양상이라는 정치환경적·사회구조적 제약 속에서 과도정부와 각 정치세력들간의 역학관계에 의해 규정된다는 가설 위에서 출발한다. 정치환경과 사회구조가 과도기정치 자체를 규정하지는 못하지만, 과도기의 주요 정치행위자들은 구조적 차원의 '진공상태'에서 활동하는 것이 아니라 그와 같은 환경적·구조적 제약 내에서 자신들의 전략적 선택을 취하게 되는 것이다. 그러나 궁극적인 과도기의 체제이양 양식은 주어진 공간과 구조 내에서 주요 정치행위자들의 전략적 선택이 결과한 역학관계에 의해 규정된다. 이런 점에서 본 연구는 주어진 사회적·정치적 구조 속에서 나타난 주요 정치행위자들간의 상호작용을 분석함으로써 체제이양의 특징을 분석할 수 있다고 본다.

3. 정치세력의 분포구조와 역학관계

1) 허정 내각기

　3·15정·부통령선거의 부정으로 촉발된 시위사태가 4·19로 확대되자 이승만 대통령은 자신의 정치적 기반이었던 자유당과의 단절을 통한 민심수습과 상황의 안정을 도모했다. 1960년 4월 24일 이대통령은 자유당과의 관계단절을 공식 선언하고, 그 동안 청렴한 대중적 이미지를 지니고 있으면서도 자유당과는 일정한 거리를 두면서 자유당 핵심 강경파들과 자주 충돌했던 허정의 입각을 요청했다. 이에 따라 허정은 4월 25일 외무장관으로 입각하고 조각권을 부여받았지만(허정, 1979: 147-207), 이대통령의 퇴진을 요구하는 시위의 가열로 결국 4월 26일 이대통령은 하야성명을 발표하지 않을 수 없었고, 5월 3일 국회에서 이를 정식 수리함으로써 대통령직을 사퇴하게 됐다.
　이미 4월 23일 장면 부통령이 사임한 상태에서 이대통령의 사임이 이루어졌다는 것은 수석 국무위원으로 임명된 허정이 대통령권한대행을 맡아 과도정부를 이끌어야 하는 상황을 만들었다. 그러나 그는 독자적인 정치적 기반이나 세력을 지니고 있는 정치지도자가 아니었던 만큼 이러한 권력의 공백기를 주도할 수 있는 정치적 위상을 지니고 있지 못했다. 따라서 허정은 임명권자인 이대통령의 사임을 이유로 이대통령과의 동반사퇴를 완강하게 표명했으나, 당시 주요세력이었던 민주당과 자유당의 강력한 권유로 새 정부의 책임을 맡게 되었다(김도연, 1968: 351). 즉 허정의 과도내각 수반 취임은 자신의 정치적 기반에 의한 것이 아니라, 우연치 않은 대통령의 외무장관 임명과 대통령 사임 직후 각 정파들의 적극적 동의라는 상황의 전개에 의해 이루어진 것이었다. 그만큼 그는 각 정파에게 권력의 공백기를 자신의 정치적 목표를 위해 주도할 인사가 아니라는, 즉 그의 인격에 대한 신뢰와 함께 '중립적이고 중도적인'이라는 정치적 위상(한승주, 1983: 58-59)을 지닌 인사로 평가를 받았던 것이다.

이에 따라 그는 이승만정권의 갑작스러운 붕괴로 초래된 폭발적 민심의 분출에 따른 정치적·사회적 혼란을 수습하고, 다른 한편으로 "정권의 평화적 교체를 확실히 약속한다"는 선언과 함께 과도내각 수반인 대통령권한대행에 취임하게 됐다. 그리고 그는 전문적인 정치적 경험이나 정치적 기반을 갖추기보다는 개인적으로 덕망을 갖추었다는 평판을 받는 '비교적 무난한 재야인사들'로 '정치적 선도력이 약한' 내각(동아일보, Lee, 1968: 113)을 구성했다. 허정은 차기 집권이 유력시되는 있는 민주당에 입각을 요청했으나, 민주당이 이를 거부하자 이러한 내각을 구성할 수밖에 없었던 것이다. 이러한 민주당의 입각거부는 "과도정부의 어려운 과제를 떠맡는 것을 회피"하려는 의도에서 비롯된 것이라고 할 수 있다(한승주, 1983: 59).

허정 과도내각의 성립에도 불구하고, 이승만 대통령의 하야로 야기된 정치권력 공백은 메워지지 않았다. 허정 과도내각은 과도기를 이끌 수 있는 독자적인 정치적 지지기반을 확보하고 있지 못했으며, 구 집권세력인 자유당은 4·19의 폭발과 이대통령의 하야로 국회의원 숫자에 관계없이 그 정치적 위력을 사실상 상실한 상태에 직면해 있었다. 자유당은 54%의 의석 점유율에도 불구하고, 여당으로서의 정치적 정통성을 상실했을 뿐 아니라 이승만, 이기붕의 퇴진으로 그 정치적 구심점 또한 찾기 어려운 사실상의 '대죄(待罪)집단'이 돼 있었던 것이다. 이런 점에서 민주당은 사실상 '잠재적 집권당'의 정치적 위상을 누리고 있었다. 즉 민주당은 자유당정권의 권력남용과 부정부패에 대한 국민적 비판여론을 업고 지식계층과 도시지역으로부터 그 지지기반을 확대해 갈 수 있었으며, 1958년 4대 민의원선거에서 총 233석의 의석 중 79석을 차지하는 위력을 보였던 것이다. 특히 4·19 이후의 정권 담당자로서 민주당의 위치에 대해서는 일종의 사회적 합의가 이루어져 있던 상태였다. 민주당 이외의 대안세력이 존재하지 않았다고 해도 과언이 아닌 것이다.

그러나 이대통령 하야 이후의 권력 공백기에 제도권 내의 민주당과 자유당만이 존재한 것은 아니다. 자유당정권의 붕괴를 몰고 온 4·19를 주도한 학생·지식인 집단이 있었고, 한국전쟁 과정에서 비대화된 군부 또한 존재하고 있었다. 그럼에도 불구하고, "4월혁명은 기본적으로 스스로를 조직하지 못하는 한국사회의 무능에 대한, 그리고 구제책을 마련하지 못한 부패정권에 대한 욕구불만의 폭발"(Douglas, 1964: 24)이었던 만큼 조직적인 주도세력이 장기적인 계획하에 조직적으로 추진된 혁명이 아니라 비조직이고 자생적인 민주화운동이었다(이택휘, 1987: 182). 따라서 학생운동 세력은 여전히 정치적 충격을 줄 수 있는 위력을 지니고 있음에도 불구하고 하나의 조직된 정치세력으로서의 위상을 갖추고 있지는 못했다(김성환, 1984: 42-51).

군부도 대통령의 하야라는 상황에서 하나의 응집된 대안이나 정치세력의 위상을 갖고 있지 못했다. 즉 군부는 이대통령의 분리통치로 여전히 파벌로 분열돼 있었고, 군 수뇌부의 부정부패

의혹과 3·15부정선거 개입에 따른 청년장교들의 반발과 도전에 직면해 있었다(한용원, 1993: 167-173). 이러한 군부동향의 불안정성은 허정으로 하여금 과도정부기의 정치과정에 가장 위협적인 세력으로 판단하게 했으며, 이에 군부의 안정화를 도모하기 위해 군부 내에서 신망이 두터운 이종찬을 국방장관으로 기용했다. 그리고 청년장교들의 고위 부패장성들에 대한 강력한 숙정요구에도 불구하고 군을 자극하지 않기 위해 가능한 한 신중한 접근을 유지했다(김세중, 1998: 32-33).

2) 최규하 정부기

유신체제 말기의 이른바 부마사태와 뒤이은 10·26으로 강력한 '영도자적 대통령'이 급작스럽게 사망하자 체제도전 세력에 대한 정권차원의 총체적 억압통치는 일시적으로 중단될 수밖에 없었다. 그에 대한 정치적 책임을 누구도 감당할 수 없었기 때문이다. 대통령 유고상황은 곧바로 최규하 국무총리의 대통령권한대행으로, 그리고 1979년 12월 6일 유신헌법 규정에 따라 통일주체국민대의원회의에서의 선거를 통한 대통령 취임으로 이어졌다. 최대통령은 이미 "새로 선출되는 대통령은 현행헌법에 규정된 잔여 임기를 채우지 않고 국민의 광범한 여론을 취합하여 헌법을 조속한 시일 내에 개정하고 그 헌법에 따라 총선거를 실시한다"는 입장(동아일보, 1979. 11. 11)을 밝혀 놓은 상태였던 만큼 스스로 그의 정부를 과도기정부로 규정하고 있었다.

그러나 10·26사태에 따른 유신체제의 붕괴에도 불구하고 그것은 유신체제를 지탱해 주던 국가 통치기구와 지배세력이 붕괴하거나 약화된 것은 아니었다. 10·26사태는 체제 저항운동에 대한 탄압과정에서 빚어진 강제기구들간의 분열과 갈등의 결과였다고 파악하는 것이 일반적이나, 체제세력과 반체제세력간의 현저한 힘의 격차를 고려할 때 그것은 반체제세력의 강화가 가져온 결과라고 볼 수도 없으며, 국가 강제기구간의 분열과 갈등에 의한 소산으로 보기도 어렵다. 우선 '10·26사태' 이전에 국가 강제기구들간에 조직적 갈등이 존재했다는 어떠한 징후도 발견되지 않을 뿐 아니라, 박대통령이 마지막 순간까지 국가 강제기구들을 효과적으로 통제하고 있었기 때문이다. 나아가 '10·26사태'가 제도로서의 '중앙정보부'가 조직적으로 동원된 사건이 아니라, 김재규가 자신의 소수 측근들을 동원한 '거사'였으며, 또한 10·26사태 직후 국가 강제기구들간, 예컨대 '중앙정보부'와 '군' 또는 '중앙정보부'와 '대통령 경호실'간의 어떠한 즉각적인 충돌도 야기되지 않았다.

이런 점에서 '10·26사태'가 국가 강제기구들간의 분열과 갈등의 소산이었다고 볼 수는 없는 것이다. '10·26사태'의 이러한 성격이 "유신체제의 붕괴와 일시적인 힘의 공백상태가 체제세력의 붕괴나 변화를 가져올 수 없었던"(백운선, 1988: 128-129) 가장 중요한 요인이었다. 즉 최고통치자의 급작스런 죽음으로 인해 박대통령을 정점으로 하는 유신체제는 붕괴되고 국가권력의 일시적 공백이 야기되긴 했으나, 국가 통치기구와 지배세력은 분열되거나 약화됨이 없이 존속했던 것이다. 이는 권위주의체제의 국가지배적 국가·사회관계 또한 지속될 수 있다는 것을 의미했다. 이런 점에서 '10·26사태' 이후 정치체제의 전개방향은 여전히 유신체제 세력, 특히 '중앙정보부'가 현실적으로 더 이상 정치적 역할을 담당할 수 없게 됨에 따라 강력한 물리적 강제력을 소유한 유일한 기구가 된 군부에 의해 주도되게 됐다.

그러나 '10·26사태'가 "전혀 예기치 않았던 사건"이었기 때문에 제도로서의 군은 즉각적으로 권력을 장악할 수 있는 계획이나 준비가 돼 있지 않았다. 나아가 군에 대한 확고한 통제를 행사하던 박대통령의 급작스런 죽음은 정치개입 문제를 둘러싼 군 내부의 분열을 파생시켜 군이 조직으로서의 일체성을 지닐 수 없게 했다. 우선 권력의 공백기에 계엄사령관으로서 막강한 권력을 장악한 육군참모총장 정승화 장군은 자신이 김재규와 함께 "사건현장에 있었다"는 사실만으로도, 자의든 타의든 이미 정치개입의 여지를 봉쇄당하고 있었다.28) 그는 군에 대한 완전한 통제력을 장악하고 있지도 못했다.

반면에 당시 합동수사본부장을 맡고 있던 보안사령관 전두환 장군은 계엄령으로 '중앙정보부'의 모든 기능을 흡수했을 뿐만 아니라, 검찰총장과 치안본부장까지 지휘할 수 있는 권한을 확보하고 있었다. 더구나 그의 권한은 이러한 법적 장치 외에 유신체제기 동안에 체제유지의 역할을 주로 담당하면서 강한 정치 지향성을 지니고 있던 이른바 '정치장교들'로 지칭되던 정규육사 출신 사조직인 '하나회'에 의해 뒷받침되고 있었다(강창성, 1991: 356-366, 381-384). 전두환 장군을 비롯한 영남출신 장교들이 중심이

---

28) 정승화 장군은 여러 번에 걸쳐 군의 정치 불개입을 강조했으며, 자신의 저서에서 "나는 처음부터 정치에 군이 관여해서는 안 되겠다는 원칙을 확실히 세우고 있었다. 이 정치권력의 공백기에 새로운 정치권력을 창출하는 데 끼어들지 않으려고 노력을 기울였다"고 술회했다. 당시 정승화 장군 주변의 공식 지휘계통에 있던 노장군부들은 이러한 군의 정치적 중립에 대한 의견합의를 보고 있었다고 말한다(정승화, 1987; 조갑제, 1987. 12).

된 '하나회' 세력은 권위주의체제로부터 가장 많은 특혜를 받은 집단이었고, 동시에 가장 정치화돼 있는 집단이었다. 따라서 이들은 체제유지에 관한 한 군부 내 강경파를 형성하고 있었다.

정승화 장군은 이들 '하나회'에 대한 확고한 통제를 장악하고 있지 못했으며, 따라서 그의 '군의 정치적 중립'의 강조는 제도로서 군의 일치된 입장은 아니었다. 오히려 군 내부에서는 외형상 노장군부와 소장군부들간의 대립으로 나타난, 정치개입을 둘러싼 파벌갈등이 진행되고 있었고, 정승화를 비롯한 노장군부는 군부의 이익이 손상되지 않는다면 민주화를 반대하지 않는다는 군부 내 온건파를 형성하고 있었다. 계엄사령관 정승화 장군이 대권후보와 관련해서 '김대중 거부론'(정승화, 1987: 143-144)을 제시한 것은 이러한 입장을 대변하는 것이었다.

이런 점에서 독자적인 정치적 기반을 지니고 있지 못할 뿐만 아니라, 군에 대한 통제장치도 확보하고 있지 못하던 최규하 총리가 권력을 승계한 것은 군 내부의 파벌갈등이 정리되기 이전의 임시적 조처에 불과했다. 즉 최규하의 대통령 취임으로 권력의 정립이 이루어진 것이 아니라 권력은 여전히 공백상태로 남아 있었던 것이다. 그리고 '12·12사태'로 불리는 소장군부의 軍令權 탈취사건은 이러한 권력의 공백을 메우는 결정적 계기였다. 그것은 '하나회'를 중심한 소장군부들이 군의 공식적 지휘계통을 무력화시켜 軍 내의 주도권을 장악한 사건이나, 이를 계기로 소장군부의 정치개입이 본격화됐다는 점에서 본질적으로 '쿠데타'였다(강창성, 1991: 384-388; 이상우, 1988: 45-56; Kang, 1989: 197-198). '12·12사건'은 자신들의 권력장악을 방해하는 유일한 세력이었던 노장군부 세력을 제거하려는 소장군부 세력에 의해 행해진 쿠데타의 사전정지 작업이었던 것이다. '하나회'를 중심으로 한 신군부의 대두는 사실상 최규하정권을 무력화시키면서, 국가·사회관계의 기본구조를 신군부 대 시민사회의 대립구조로 변경시켰다.

한편 유신체제 동안 집권여당이었던 '공화당'은 정치적 정통성을 상실하고 있었을 뿐 아니라, 당내 '정풍운동'으로 분열돼 있었다. 또한 야당인 '신민당'은 대권후보를 둘러싼 김영삼, 김대중 두 지도자간의 대립에 의해 분열돼 있었다.29) 특히 1970년대 말 유신체제에 대한 저항운동의 구심점으로 부상되던 야권세력의 분열은 새로운 정치체제 구성과정에서 시민사회의 역량을 규합할 수 있는 구심적을 상실시켰을 뿐만 아니라, 사회세력을 분열시키는 결과를 초래했다는 점에서 이후의 정치적 전개에 중대한 영향을 미쳤다.

이와 함께 재야세력도 대중적 기반을 확보하기보다는 여전히 '명망가적 집단'으로 남아 있었다. 학생운동도 본격적인 투쟁을 위해서는 1980년 3월의 개학을 기다려야 했으며, 또한 내부적으로 '단계적 투쟁론'과 '전면적 투쟁론'의 운동노선이 교차해 명확한 전략을 선택하고 있지 못했다. 또한 개학 후 학생들은 우선적으로 학내민주화 문제에 집중하고 있었으며, 본격적인 정치투쟁으로 전환한 것은 5월에 들어가서였다.30) 그리고 1980년 1월에서 4월 사이에 무려 850건의 노동쟁의를 전개해 상대적으로 급격히

---

29) 1980년 4월까지도 야권은 두 지도자의 분열로 통합세력을 결성하지 못하고 있었다(한국기독교교회협의회 인권위원회, 1987b: 777-778; Lee, 1981: 127-128).

30) 재야세력의 전국적 조직인 '民主主義와 民族統一을 위한 國民聯合'도 신민당 입당을 통한 개혁을 주장하는 '점진적 개혁론'과 대중투쟁을 주장하는 '행동주의론'으로 나누어져 정치투쟁 전략에 대한 합의를 보고 있지 못했다(민주화의 길, 1985년 5월; 일송정 편집부, 1988: 14-20).

활성화되는 양상을 보여준 노동운동도 그 질적 측면에서는 대단히 취약한 수준에 지니지 않았다. 즉 대부분의 노동쟁의가 체불임금 지급이나 임금인상 요구 및 공장 휴폐업 반대 등과 같은 생존권적 차원의 쟁점에 머물고 있어 정치투쟁으로 연계될 수 있는 기반을 갖고 있지 못했으며, 나아가 그것이 조직화된 운동이기보다는 산발적·분산적 운동에 그치는 수준이었다(최장집, 1989: 97-98). 특히 일반시민들은 '12·12사건'에 대해 즉각적인 저항을 보이기보다는 침묵을 지키고 있었으며, 정치사회나 재야세력들도 이에 대한 적극적인 저항을 행동화하고 있지 못했다. 박대통령의 급작스런 죽음으로 초래된 안보 위기감과 무력을 앞세운 신군부에 대한 두려움이 일반시민들의 침묵을 강요하고 있었던 것이다.[31]

4. 헌법개정 과정

1) 허정 과도기

이대통령의 퇴진은 곧바로 권력구조 개편에 관한 논의를 전면에 부각시켰다. 한민당의 후신인 민주당은 이미 내각책임제를 그

---

[31] 이런 측면에서 최장집은 신군부의 대두를 '중산층의 지지에 의한 쿠데타'라는 개념이 적용될 수 있다고 본다(최장집, 1989: 105). 12·12사건에 대한 한국민들의 적극적인 저항이 없었다는 사실이 미국으로 하여금 신군부의 등장에 소극적으로 대처하게 했다는 측면도 지적된다(이상우, 1988: 58-67).

대안으로 진작부터 주창하고 있었고, 그러한 민주당의 주장은 이 대통령 정권의 부정부패와 독재체제가 가중되면서 권력집중을 제도적으로 억제하고 민주주의를 실천할 수 있는 '분명한 대안'으로서 사회적 합의를 형성해 가고 있었다. 이를 뒷받침하는 것은 이대통령 하야 직전에 이루어진 이기붕 부통령 당선자의 담화 및 이대통령 자신의 하야성명에서도 확인할 수 있다. 즉 4월 24일 이기붕은 시국수습책으로, "첫째, 보수세력의 합동으로 정당개편, 둘째, 내각책임제를 기조로 한 정치제도의 개혁고려, 셋째, 부통령의 당선사퇴 고려"를 제시해(동아일보, 1960. 4. 24) 내각책임제가 4월혁명에 대한 정치적 대안으로 인정했던 것이다. 이와 함께 이대통령도 4월 26일의 하야성명에서 "국민이 원한다면 내각책임제로 하겠다"고 밝혀 내각책임제 개헌을 전 국민적 요구로 받아들이고 있었다. 따라서 이대통령 하야 이후 개헌논의에서 내각책임제 도입은 당연한 수순으로 받아들여지고 있었다고 해도 과언이 아니다.

그러나 문제는 헌법개정을 기존 국회에서 할 것인지, 아니면 현 국회를 해산하고 총선을 치른 후 새롭게 구성되는 국회에서 할 것인지 하는 것이었다. 이에 대해 혁신계와 학생운동 세력, 그리고 이범석의 족청계 등은 선해산 후개헌론을 주창했다. 기존 국회는 이대통령의 독재정치를 뒷받침한 자유당이 다수의석을 차지하고 있었을 뿐만 아니라,[32] 부정부패와 반민주적 권력남용의 주역인 이들과의 협력에 의한 개헌은 정치적 명분으로나 새

---

[32] 1958년 4대 민의원 선거에서 자유당은 전체의석 233석 중에서 126석을 차지했고, 민주당은 79석, 통일당 1석, 무소속은 2석이었다. 이는 이대통령의 하야로 그들의 정치적 주도권은 상실됐으나, 그들의 동의 없이는 정상적 국회운영이나 개헌은 불가능하다는 것을 의미했다.

헌법의 정통성 차원에서 용납될 수 없다는 것이었다(동아일보, 1960. 4. 27, 28). 이러한 선해산론에 대해 자유당은 당연히 거부했다. 자유당 소속 국회부의장이었던 이재학이 중심이 되어 선개헌 후총선론을 제기해 과거청산과 관련된 혁명적 조처가 진행되는 것을 견제하려고 했다(신명순, 1993: 37).[33]

이러한 자유당의 제안은 민주당이 전격 수용함으로써 공식화됐다. 민주당은 정치적 영향력을 상실한 자유당을 상대로 자신들의 주도로 내각제개헌을 확실하게 추진한 뒤에 총선을 치르는 것이 자신들의 집권을 위해 보다 효과적이라고 판단했던 것이다(양무목, 1983: 145). 자칫 개헌 없이 총선을 우선했을 때 4·19 직후부터 분출된 각종 사회적 요구와 시위 등이 감당할 수 없는 사회적 혼란으로 이어질 수 있으며, 이러한 상황은 총선은 물론 내각제개헌 자체를 위태롭게 할 수도 있는 정치적 불안정을 초래할 수도 있기 때문이었다. 이러한 점에서 미국도 헌법개정, 선거 등 헌정질서 회복에 필요한 조치를 신속하게 추진할 것을 허정 내각에 주문하고 있었다(MacDonald, 1992: 656).

그러나 민주당이 자유당의 선개헌 후총선을 받아들인 이면에는 민주당 내 신구파의 갈등이 또 다른 요인으로 작용했다. 즉 구파는 이미 대통령 후보 조병옥을 잃은 후 대통령중심제보다는 내각책임제의 권력구조가 자파에 더 유리하다는 판단을 한 반면, 부통령이었던 장면이 건재하고 있는 신파는 대통령중심제 권력구조를 그대로 놓아 둔 상태에서 부분적인 독소조항만을 개정하는 입장을 취하고 있었다(양동안 외, 1982: 120). 이러한 신구파간의

---

[33] 실제로 자유당 의원들은 부정선거 관련자 처벌범위가 확대되는 것에 반발, 의원직 총사퇴 가능성을 제기해 과두정부의 양보를 얻어내기도 했다(동아일보, 1960. 5. 14).

개헌을 둘러싼 갈등을 보이면서, 구파는 4·19 직후부터 이미 자유당 내 온건파와 내각제 협상을 전개해 나가고 있었다(윤보선, 1991: 133). 따라서 국회의 다수를 점하고 있는 자유당과 민주당의 내각제개헌을 위한 전략적 제휴는 선개헌 후총선이라는 자유당의 구상을 다수의 의견으로 집약시켜 나갈 수 있게 했다.

이에 따라 4월 26일 국회시국수습위원회는 ① 3·15정부통령선거는 무효로 하고 재선거를 실시한다, ② 과도내각하에 완전 내각제개헌을 단행한다, ③ 개헌통과 후 민의원 총선거를 즉시 다시 실시한다는 3개 항을 신속하게 결의할 수 있었다(조선일보, 1960. 3. 26). 허정내각은 이러한 국회의 결의를 저지할 능력도 의지도 없었다. 이에 따라 기존 국회에 의한 개헌에 대해 비판여론이 제기됐음에도 불구하고 국회는 국회 내각책임제개헌안 기초위원회를 구성하고, 자유당과 민주당의 안을 놓고 신속한 의견조율에 들어갔다. 그리고 1960년 5월 5일에는 개헌안에 대한 학계, 법조계 등의 대표를 참석시킨 공청회 등의 절차를 밟아 최종안을 확정지었다. 이어 5월 11일, 헌법 제98조에 의거해 재적의원 223명 중 160명의 서명을 받아 정부에 이송했다(이정식, 1986: 88). 이러한 국회의 결의에 대해 학생세력이나 기타 사회세력들은 이를 저지할 수 있는 조직된 역량을 갖고 있지 못했으며, 그들 또한 내각책임제 개헌을 당연한 대안으로 인정하고 있었기 때문에 이러한 결정에 대한 무효화 투쟁에 나서지 않았다.

2) 최규하 정부기

박대통령의 서거가 공식화되자 야당은 곧바로 신속한 개헌과 개헌 후 조속한 대통령 선거를 주장했다. 1979년 11월 5일 김영삼 신민당 총재의 "3개월 이내 개헌, 개헌 후 2개월 이내 대통령 직접선거"의 주장은 대표적인 야당의 입장(동아일보, 1979. 11. 6; 11. 8)이었다. 그러나 최규하 대통령권한대행은 "현행헌법에 의한 대통령 선출 후 개헌추진" 입장을 천명해 야당의 입장에 배치되는 노선을 주장했다. 이에 야당은 조기개헌, 조기총선, 유신헌법하 대통령선거 저지를 위한 반대운동에 들어갔으나, 12월 6일 통일주체국민대의원회의에서의 최규하 대통령 선출은 이러한 야당의 투쟁을 일단 무효화시켰다.

그러나 유신헌법을 개정해야 한다는 데는 이미 국민적 합의가 이루어져 있는 상태였고, 정치권 또한 각 정치세력이 이에 동의하고 있었다. 그리고 그러한 개헌논의는 국회를 중심으로 전개됐다. 국회는 11월 26일 여·야 동수의 헌법개정심의특별위원회를 구성해 개헌안 작성에 착수했다. 이어 신민당이 제시한 대통령직선제를 담은 개헌안을 중심으로 12월 17일 국회 개헌특위의 개헌안을 마련, 정부로 이송해 정부안으로 개헌안을 발의시켜 통일주체국민대의원회의가 아닌 국민투표에 부치기로 결정했다(동아일보, 1979. 12. 4). 이러한 결정은 국회 개헌특위의 6회에 걸친 공청회에서 합의가 도출된 것이기도 했다. 그만큼 국민투표에 의한 대통령직선제 개헌은 이미 국민적 합의가 돼 있었던 것이다.

그러나 국회의 이러한 개헌추진 전략은 12·12사태의 발발과 신군부의 등장으로 중대한 장애에 봉착하지 않을 수 없었다. 신군부는 실권을 장악하자마자 곧바로 국회에서 마련한 대통령직선제안과는 다른 이원집정부제 또는 대통령간선제 등의 변형된 개정안을 흘리면서(동아일보, 1980. 1. 10) 제동을 걸기 시작했다. 이어 1980년 1월 18일 최규하 대통령은 국회의 개헌작업과는 별도로 정부가 개헌작업을 주도할 것임을 천명했다. 이는 국회 발의 개헌안은 통일주체국민대의원회의 의결을 거쳐 확정되지만, 대통령 발의 헌법개정안은 국민투표에 의해 확정된다는 유신헌법의 규정을 활용한 것이었다. 이러한 정부입장의 공표는 조기개헌의 가능성을 상당히 후퇴시키는 것일 뿐만 아니라, 향후 정국의 흐름을 예측할 수 없게 했다는 점에서 더욱 더 심각한 예측 불가의 정치 불안정을 초래하는 것이었다.

이에 야당은 최규하정부의 민주화일정 지연을 성토하면서도 다른 한편으로는 각 정파의 세력다툼을 본격화했다. 즉 공화당의 김종필은 최규하정부와는 일정한 거리를 유지하면서도 당내 정풍운동의 진정에 주력하고, 개헌안 추진에 대한 뚜렷한 입장을 표명하지 않는 신중한 입장으로 일관했다. 그러나 신민당의 김영삼은 야권통합과 조기개헌을 강력히 추진, 자신의 정국 주도권을 강화하려 했다. 반면 조기개헌에는 김영삼과 노선을 같이하지만 야당의 주도권을 둘러싼 경쟁에 뛰어든 김대중은 김영삼이 주도하는 신민당에 가담하기보다는 군부의 정치개입 가능성을 우려하면서 '민주화추진국민운동'을 통해 재야세력 결집에 나섬으로써 독자적인 정치기반 확보에 주력했다. 이러한 야권의 분열은 조기개헌을 위한 국회의 주도력을 약화시키는 것이었다. 이러한 상황에서 정부는 3월 14일 독자적인 헌법심의위원회를 구성해 새 헌법의 초안작업에 돌입함으로써 국회·정부의 단일안 가능성은 현실적으로 멀어지게 됐다.

정치권이 이러한 혼란국면을 맞고 있을 때, 신군부는 시민사회나 정치사회로부터 심각한 도전을 받지 않으면서 정권장악을 위한 자신들의 계획을 진행시키고 있었다. 우선 전두환 장군은 군부 내 숙정을 통해 잠재적 위협인물까지 군에서 예편시키고, '하나회'를 중심으로 군의 공식 명령체계를 재구축함으로써 군에 대한 통제권을 장악했다. 다른 한편으로는 대통령 시해사건 수사를 통해 '중앙정보부'를 무력화시키고, 1980년 4월 자신이 '중앙정보부장' 직을 겸직함으로써 실질적으로 모든 국가 정보기관과 무력을 장악하게 됐다.34) 신군부의 권력장악은 이제 명분과 시기 선택만을 남겨 놓고 있었던 것이다.

이러한 신군부의 움직임에 대한 학생들의 도전은 5월의 가두시위로 나타났고, 이것을 기회로 신군부는 비상계엄령을 전국적으로 확대시키면서 정권장악을 위해 필요한 조처를 전격적으로 취해 나갔다. 1980년 5월 17일 비상계엄령 확대선포와 동시에 신군부는 기존 모든 정당의 정치활동을 중지시키고, 동시에 기존 정치인들에 대한 대대적인 숙정작업을 개시했다.35) 이러한 신군부의 조처에 대해 즉각 대규모의 저항운동을 전개한 것이 '광주민주화운동'이었으며, 이미 강경진압 이외의 다른 대안이 없던 신군부는 이에 대해 무력진압이라는 초강경 조처로 대응했다.36)

---

34) '12·12사건' 후 2년 동안 신군부가 강제 예편시킨 군장성 수는 약 50여 명에 이른다(강창성, 1991: 389; Lee, 1981: 129-130).

35) 당시 공화당 총재이던 김종필은 '권력형 부정축재자'로, 그리고 김대중은 '사회혼란 조성 및 학생, 노조소요 배후조종 혐의자'로 체포됐으며, 그 외 많은 여야 중진의원들이 정치적 비리와 부패혐의로 체포됐다(동아일보, 1980. 5. 19; 8. 20).

광주민주화운동을 진압한 뒤인 5월 31일 신군부는 '국가보위비상대책회의'(이하 국보위)를 설치, 실질적으로 국정 전반에 대한 모든 권한을 장악했다. 8월 16일 최규하 대통령의 사임과 8월 30일 '통일주체국민회의'에서 전두환 장군의 대통령 당선은 예정된 수순의 진행에 지나지 않았다(Lee, 1981: 132-134; Kihl, 1984: 78-83).

5. 신헌법의 확정과 권력의 이양

1) 허정 과도기

국회에서 결의된 헌법개정안은 허정내각에 의해 즉시 공고됐다. 그러나 내각제개헌안이 최종적으로 확정되기까지는 몇 차례의 정치적 고비를 넘겨야 했다. 문제의 핵심은 헌법개정안이 국회 재적의원 2/3 이상의 찬성에 의해 확정된다는 점에서 자유당 의원들의 찬성이 결정적 변수를 차지한다는 것이었다. 자유당과 그 소속의원들은 이미 정치적 영향력을 상실했고 사실상 국민적 '대죄집단'에 불과했으나, 재적의원 2/3 이상의 찬성이라는 헌법조항이 이들의 마지막 정치적 영향력을 잔존시켜 주었던 것이다. 이들의 최대관심은 이제 대통령제 고수나 내각제개헌 저지에 있는 것이 아니라 자신들에 대한 정치적 보복과 3·15부정선거 책

---

36) 광주민주화운동의 전개과정에 관해서는 한국기독교교회협의회 인권위원회 편, 1987a; Clark, 1988; Lee, 1988a: 65-82 참조. 광주민주화운동 과정에서 미국의 역할에 관해서는 이상우, 1988: 71-110; 조선일보, 1989. 6. 21; Peterson, 1988: 52-64; Lee, 1988b: 69-122.

임에 대한 사법처리를 회피하는 것이었고, 헌법개정 과정은 이들에게 이러한 목표를 성취할 수 있는 중요한 발판을 제공해 주고 있었다. 5월 11일 정부로 이송된 헌법개정안은 '30일간'의 공고기간을 거친 후 국회에서 최종적으로 의결을 기다려야 했는데, 3·15부정선거 사범에 대한 공소시효가 30일간의 법정기간을 지난 직후인 6월 14일이었다.

 자유당 의원들의 첫번째 정치적 시위는 5월 13일 나타났다. 이 날 개최된 자유당 원내외 간부회의에서 의원직 총사퇴 불사결의를 했다. 자유당은 각 지방에서 야기되고 있는 자유당계 정치인들에 대한 보복행위나 부정선거 책임추궁에 대한 반발로 개헌정족수를 채울 수 없게 하는 의원직사퇴를 들고 나왔던 것이다. 이에 허정 과도정부 수반은 원만한 개헌안 처리를 위해 자유당계 정치인에 대한 보복행위가 있다면 시정하겠다는 정치적 약속을 하지 않을 수 없었다. 이와 유사한 사태는 5월 23일에도 반복됐다. 즉 3·15부정선거와 관련해서 검찰이 이재학, 임철호, 박용익, 조순, 정재수, 정문현 등의 자유당 소속의원에 대한 구속동의서를 국회에 제출했던 것이다. 이에 반발해 자유당 의원들은 다시 한번 의원직 총사퇴라는 카드를 꺼내들었고, 동시에 이러한 자유당 의원에 대한 구속수사를 확대하는 이면에는 내각책임제 개헌을 저지하려는 일부 민주당 신파의 음모가 있다고 판단하고 민주당에 대해 확실한 내각제개헌 약속을 요구했다. 이에 민주당은 다시 한번 내각제개헌에 대한 정치적 약속을 하고, 해당 자유당 의원들의 의원직 사퇴서를 수리하는 선에서 마무리지었다(동아일보, 1960년 5월 26일).

 헌법개정안 국회표결일 선정도 자유당 의원들에게는 중요한 무기가 됐다. 부정선거에 대한 공소시효를 넘기기 위해서는 최소한 6월 14일 이전에는 표결에 임할 수 없는 형편이었던 것이다. 이에 개헌안 공고기간이 끝나고 소집된 6월 10일 국회에서 민주당 의원들은 조속한 표결을 주장했으나, 자유당 의원들은 6월 15일 이후 처리를 고집했다. 6월 15일 이후의 개헌안 표결은 자유당 의원들에게 3·15부정선거에 대한 사법처리를 회피할 수 있게 해 주는 것이었기 때문에 결코 양보할 수 없는 것이었다. 이에 결국 개헌안에 대한 국회의결은 6월 15일로 확정됐다. 그리고 6월 15일 국회 본회의 표결에서 찬성 208, 반대 3으로 제2공화국 헌법인 내각책임제 헌법은 통과됐다. 이는 이대통령이 하야한 4월 26일로부터 단지 51일이 지난 시점이었다.

6월 15일 국회에서의 개헌안 의결은 곧바로 정국을 총선국면으로 전환시켰다. 그리고 7월의 총선거에서 민주당은 민의원 선거에서 42%의 득표율로 전체 233석 의석 중 75%인 175석을 차지했고, 참의원 선거에서도 총 58석 중 31석을 차지하는 압도적 승리를 거두었다. 이에 반해 구 집권세력인 자유당은 민의원 선거에서 단지 2석만을 얻었으며, 참의원 선거에서도 4석을 확보하는 데 그쳤다. 뿐만 아니라 신생정당인 진보계열의 사회대중당과 한국사회당도 이 선거에 참여했으나, 민의원 및 참의원 선거에서 사회대중당은 각각 4석과 1석, 그리고 한국사회당은 각각 1석을 얻는 참패를 기록했다. 민주당 외에는 상대적으로 무소속이 강세를 보여 민의원 49석, 참의원 20석을 차지해 사실상 민주당 독주의 선거결과를 보여주었다(중앙선거관리위원회, 1973). 이로써 4·19혁명으로 야기된 과도정부기는 민주당 장면정부의 수립과 함께 마감하게 됐다.

2) 최규하 정부기

'1980년 서울의 봄'은 조직화되지 못하고 분열된 체제저항 사회세력과 물리적 강제력을 앞세운 체제세력, 특히 신군부세력간의 현격한 힘의 격차에 의해 무산될 수밖에 없었다. 이런 점에서 유신체제의 붕괴는 "권위주의적·준군사적 지배체제 내에서 일어난 집권자의 폭력적 교체의 범주"(김영명, 1986: 403)를 벗어나지 못했다. 압도적인 물리적 강제력을 앞세운 신군부의 제도정치권의 재구조화 작업의 특징은 정치권에 대한 국가의 통제를 위협하는 일체의 요소를 배제하는 것이었다. 1980년 5월 31일에 설치된 '국보위'가 국정의 전권을 장악하고, '권력형 부정축재자', '부정비위 공무원 숙정' 및 '사회정화 운동'을 단행한 것은 정치사회의 재구조화를 위한 첫번째 조처였다. 이를 통해 신군부는 기존의 여야 지도급 정치인들을 정치사회로부터 배제시켰을 뿐만 아니라 국가관료에 대한 확고한 통제를 확보했다.37)

이어 '국보위'는 헌법개정안을 국민투표에 회부해 통과시킴으로써 기존의 '통일주체국민회의'를 폐지하고, 새로운 국회가 구성될 때까지 국회의 권한을 대행하는 '국가보위입법회의'(입법회의)를 설치했다. 그리고 '입법회의'에서 "정치풍토 쇄신법"을 제

---

37) 1980년 7월까지 '국보위'는 장차관급 20명을 포함한 각급 공무원 5,699명, 정부투자기관 임직원 3,178명 등 공직자 8,877명을 숙정했으며, 8월까지 '사회악 상습사범' 총 30,578명을 검거, 그 중 약 20,000명을 이른바 '삼청교육대'에 입소시켜 강제노역과 순화교육을 받게 했다(조선일보, 1980. 7. 9, 16; 동아일보, 1980. 8. 4, 15).

정해 약 600여 명 구정치인들의 정치활동을 규제함으로써 정치 엘리트 재편을 위한 조처를 일단락지었다(Lee, 1981: 136-137). '입법회의'에서 마련한 새 헌법은 형식상 유신헌법을 대체하는 것이었으나, 그 내용은 여전히 유신헌법의 권위주의체제를 지속시키는 것이었다. 신헌법은 대통령의 '비상대권'의 발동요건을 강화했을 뿐만 아니라 대통령에 대한 국회의 '탄핵소추 의결권' 도입 및 대통령의 7년 단임제 등의 규정으로 독재체제로 국민적 지지를 상실했던 유신체제와는 일정한 차이를 보여주었다(신헌법의 내용은 金雲泰, 1999: 377-380). 이는 무엇보다 장기집권과 독재체제에 대한 국민들의 저항이 고조되고 있는 시점에서 정권교체의 가능성을 열어 놓지 않는 체제는 더 이상 사회로부터 정통성을 인정받을 수 없으며, 따라서 효과적인 통치를 달성할 수 없다는 신군부의 현실적 판단에 기인한 것이다.[38]

그러나 '대통령 선거인단'에 의한 대통령 간접선거제를 채택하고, 국회의원 선거제도에서 중선거구제와 비비례적 비례대표제를 채택함으로써 대통령에 대한 시민사회와 정치사회의 견제를 무력화시켰다는 점에서 신헌법은 여전히 유신체제와 유사한 골격을 유지하고 있었다. 즉 '대통령 선거인단'에 의한 대통령 간선제는 선거인단 후보의 정당추천을 보장하고 있어 외형상 공정성을 표방하고 있으나, 선거인단에 대한 광범한 행정권의 압력을 방지할 수 있는 제도적 장치를 마련하고 있지 않았다. 1981년 2월에 선거인단에 의해 실시된 제12대 대통령 선거에서 당시의

---

[38] 1981년 3월의 대통령 취임연설에서 전두환 대통령이 무엇보다 "7년 단임임기를 통한 평화적 정권교체"를 강조한 것이나 그 이후 기회 있을 때마다 '평화적 정권교체'를 강조한 것은 바로 이러한 측면에서 이해될 수 있다.

실권자인 전두환 대통령이 제적의원 5,271명의 90.2%의 지지를 얻어 당선됐다는 것은(윤형섭, 1988: 252) '선거인단'이 또 다른 형식의 '통일주체국민회의'에 지나지 않음을 입증해 주었던 것이다. 이로써 최규하정부는 민주정치로의 개혁을 바라는 국민적 여망을 실현시키지 못하고, 신군부세력에 의해 과도기 주도자의 위상을 제약당하다가 궁극적으로 법적 형식을 빈 신군부의 권력찬탈을 저지하지 못했다. 따라서 최규하정부하의 과도기는 다시 권위주의체제의 복귀라는 정치적 결과로 귀결되고 말았다.

6. 결 론

권위주의체제의 급작스런 붕괴와 그로 인해 초래된 권력의 공백상태는 정치적 불안정과 불확실성으로 인해 체제변이의 방향을 예단할 수 없게 한다. 이러한 불안정한 체제변이 과정을 담당하는 정부가 과도정부다. 과도정부는 그 과도기적 성격으로 인해 그 자체로서 새로운 정치체제의 주체세력이 되기보다는 체제변이 과정 관리자의 성격과 위상을 지닐 수밖에 없다. 과도정부 자체가 새로운 체제의 주체세력으로 부상하려는 순간 각 정치세력의 저항과 도전이 즉각적으로 야기되게 되어 정치적 혼란은 더욱 심화될 것이기 때문이다.

본 연구에서 비교·분석한 허정 과도내각과 최규하정부는 전형적인 과도정부의 성격과 위상을 지니고 있었다. 그러나 두 정부가 처한 정치적 환경은 매우 상이해 체제변이 과정의 결과적 차이를 예정하고 있었다. 즉 허정 내각기에는 이승만 독재체제가 제도화된 체제이기보다는 이대통령의 개인적 카리스마에 기반한 사적 권위주의의 성격을 강하게 지니고 있던 만큼 이대통령의 퇴진은 곧 자유당 권력의 무력화를 의미하는 것이었다. 자유당은 이대통령의 존재 없이 스스로의 정치적 위상을 유지할 수 있는 정치적 기반이나 권력적 실체를 장악하고 있지 못했던 것이다. 이런 점에서 이대통령의 하야는 곧바로 민주당을 대안적 정치세력으로 급부상시켰다. 즉 허정 과도정부기에는 사실상 민주당이란 정치세력이 새로운 정치질서를 구축하는 중심세력으로서 확고한 위상을 지니고 있었던 것이다. 뿐만 아니라 내각책임제 개헌은 민주당이 수차에 걸쳐 시도해 왔던 정치적 목표였으며, 퇴진하는 이대통령마저도 이를 시국수습의 주요방안으로 제시할 만큼 사실상의 국민적 합의가 이루어져 있었다. 따라서 허정 과도정부는 민주당이 주도하는 시국수습 방안을 추종하면서 내각책임제 개헌의 법적 절차만 관리하면 됐다. 그만큼 체제변이 과정이 용이하고 효과적으로 전개될 수 있었다는 것이다. 이에 더해 4·19혁명을 주도했던 학생세력들조차 별도의 조직화된 정치세력으로서 위력을 발휘하지 못했을 뿐 아니라 내각책임제 개헌에 대해 반대하지 않았다는 점에서 허정 과도정부는 체제변이 과정에서 중대한 정치적 장벽에 부딪치지 않을 수 있었다.

반면에 최규하정부는 견고한 유신체제의 정치제도적 기제들이 그대로 잔존한 상태에서 취임했다는 점에서 허정 과도정부보다 월등히 취약한 정치적 위상을 지니고 있었다고 할 수 있다. 즉 최규하정부는 스스로 기반하고 있는 유신체제의 정치기제들을 해체하지 않고서는 새로운 정치체제 구축을 위한 주도적 역할을 수행할 수 없었던 것이다. 특히 10·26 직후의 사태수습 과정에서 군부 내 신·구세력간의 무력충돌과 함께 유신체제하에서 정치

군인으로 성장한 신군부세력에 의해 군대와 정보기관이 장악됐다는 것은 최규하정부의 정치적 운신의 폭을 현저하게 제약시키는 것이었다. 이와 함께 제도정치권에서도 김종필, 김영삼, 김대중을 중심으로 하는 강력한 정치집단이 형성돼 있었고, 이들 또한 개헌에 대해 각기 다른 정치적 노선을 추구하고 있어 과도정부의 체제변이 과정 관리를 효과적으로 압박할 수 있는 정치적 연대를 형성하지 못하고 있었다. 이는 신군부세력의 분할·견인 작전이 가능한 정치적인 전략적 공간을 만들어 주었고, 나아가 신체제구축의 방향과 절차에 대한 국민적 합의형성을 어렵게 했다. 특히 1970년대 산업화의 진전으로 형성된 노동부문의 폭발적인 갈등분출과 학생운동 세력들의 독자적인 민주화투쟁 전개는 이들 정치지도자들간의 정치적 경쟁을 더욱 부추기는 결과를 가져왔으며, 그만큼 과도기적 정치 불안정과 불확실성을 심화시켰다. 신군부의 광주민주화운동에 대한 유혈진압과 권력찬탈은 이러한 정치적 배경에 기반한 것이었다. 신군부의 집권을 저지할 수 있는 정치적 연대와 국민역량의 결집을 이룰 수 있는 정치적 여건이 형성돼 있지 못했던 것이다.

   이와 같은 허정내각과 최규하정부의 차이가 과도내각 담당자들의 역량과 관계없이 그 정치적 귀결을 하나는 민주체제 형성으로, 다른 하나는 권위주의체제 복귀로 이르게 했던 것이다. 두 과도정부 시기의 상이한 정치적 결과는 과도정부 엘리트들의 선택이나 역량에 따른 것이 아니라, 그 시기를 전후한 정치세력들의 역학구도와 상호관계의 차이에서 비롯된 것이라 할 수 있는 것이다.

참고문헌

강만길 외, 1983, 『4월혁명론』, 한길사.
강창성, 1991, 『군벌정치』, 해동문화사.
국사편찬위원회, 1973, 『자료 대한민국사』, 탐구당.
김도연, 1968, 『나의 인생백서』, 강우출판사.
김성환, 1984, "4·19혁명의 구조와 종합적 평가," 김성환 외, 『1960년대』, 거름.
김세중, 1998, "과도정부와 정치발전," 한국정신문화연구원 현대사연구소 편, 『한국현대사의 재인식 5: 1960년대의 전환적 상황과 장면정권』, 오름.
김영명, 1992, 『한국현대정치사』, 을유문화사.
김영명, 1986, "한국의 정치변동과 유신체제," 한국정치학회 편, 『현대 한국정치와 국가』, 법문사.
金雲泰, 1999, "第5共和政," 金雲泰 外, 『韓國政治論』, 박영사.
김정원 외, 1982, 『한국현대사의 재조명』, 돌베개.
대한민국국회 사무처, 1971, 『국회사』.
『민주화의 길』, 제9호, 1985년 5월, "80년 '서울의 봄'의 평가."
백영철, 1996, 『제1공화국과 한국민주주의』, 나남.
사월혁명연구소 편, 1990, 『한국사회의 변혁운동과 사월혁명』, 한길사.
서재진, 1991, 『한국의 자본가 계급』, 나남.
신명순, 1993, 『한국정치론』, 법문사.
양동안 외, 1982. 7, "개헌의 정치드라마," 『신동아』.
양무목, 1983, 『한국정당정치론』, 법문사.
윤보선, 1991, 『외로운 선택의 나날』, 동아일보사.
윤형섭, 1988, 『한국정치론』, 박영사.
이대근·정운영 편, 1984, 『한국자본주의론』, 까치.

이상우, 1988,『軍部와 光州와 反美』, 靑史.
이정식, 1976,『한국현대정치사: 제2공화국』, 성문각.
이택휘, 1987, "민주주의의 토착화와 시련," 한국정신문화연구원,『현대한국정치사』, 성남: 한국정신문화연구원.
이화수, 1985,『4월혁명론: 정치행태학적 연구』, 평민서당.
일송정 편집부, 1988,『학생운동 논쟁사』, 도서출판 일송정.
정상용 외, 1990,『광주민중항쟁』, 돌베개.
정승화, 1989,『12·12사건: 정승화는 말한다』, 까치.
정해구 외, 1990,『광주민중항쟁 연구』, 사계절.
조갑제, 1987. 12, "장군들의 밤,"『월간조선』.
<조선일보>, 1989. 6. 21, "美 국무부 光州특위 '80년 美 역할' 답변서 내용."
조순승, 1982,『한국분단사』, 형성사.
중앙선거관리위원회, 1973,『대한민국선거사 제1집』.
최장집, 1985,『한국의 노동운동과 국가』, 열음사.
최장집, 1989,『한국현대정치의 구조와 변화』, 까치.
한국기독교교회협의회 인권위원회, 1986,『1970년대의 민주화운동: 기독교인권운동을 중심으로』.
한국기독교교회협의회 인권위원회, 1987a,『1980年代 民主化運動: 광주민중항쟁 자료집 및 상반기일지 I』, 한국기독교교회협의회.
한국기독교교회협의회 인권위원회, 1987b,『1980年代 民主化運動: 광주민중항쟁 자료집 및 상반기일지 II』, 한국기독교교회협의회.
한국사회연구회, 1986,『해방후 한국사회변동』, 문학과지성사.
한배호 편, 1990,『한국현대정치론1』, 나남.
한승주, 1983,『제2공화국과 한국의 민주주의』, 종로서적.

Clark, Donald N., 1988, "Interpreting the Kwangju Uprising," in Donald N. Clark, ed., *Kwangju Uprising: Shadows over the Regime in*

South Korea, Boulder: Westview Press.

Henderson, Gregory, 1968, *Korea: The Politics of Vortex*, Cambridge: Harvard Univ. Press.

Kang, Mun-Gu, 1989, "The Military Seizure of Power in 1979-1980 in Korea: Analysis and Implications for Democracy"(韓國政治學會 編,『民族共同體와 國家發展』, 韓國政治學會).

Kilh, Young Whan, 1984, *Politics and Policies in Divided Korea: Regimes in Contest*, Boulder: Westview Press.

Lee, Chong Sik, 1988a, "Kwangju and the Korean People," in Donald N. Clark, ed., *Kwangju Uprising: Shadows over the Regime in South Korea*, Boulder: Westview Press.

Lee, Chong Sik, 1981, "South Korea in 1980: The Emergence of a New Authoritarian Order," *Asian Survey*, Vol.XXI, No.1, January.

Lee, Han Been, 1968, *Korea: Time, Change and Administration*, Honolulu: East-West Center, Hawaii University.

Lee, Samsung, 1988b, "Kwangju and America in Perspective," *Asian Perspective*, Vol.12, No.2, Fall-Winter.

MacDonald, Donald Stone, 1992, *U.S.-Korea Relations from Liberation to Self-Reliance: The Twenty Year Record*, Boulder: Westview Press.

O'Donnell, Guillermo, Schmmitter, Philippe C., and Whitehead, Laurence, eds., 1986, *Transitions from Authoritarian Rule: Comparative Perspectives*, Baltimore: The Johns Hopkins Univ. Press.

O'Donnel, Guillermo and Schmmitter, Philippe C., eds., 1986, *Transition from Authoritarian Rule: Tentative Conclusions about Uncertain Democracies*, Baltimore: The Johns Hopkins Univ. Press.

Duglas, William A., 1964, "South Korea's Search for Leadership," *Pacific Affairs*, Vol.37, No.1, Spring.

Stepan, Alfred, 1988, *Rethinking Military Politics*, Princeton: Princeton Univ. Press.

Stepan, Alfred, 1986, "Paths toward Redemocratization: Theoretical and Comparative Consideration," O'Donnel, Guillermo and Schmmitter, Philippe C., eds., *Transition from Authoritarian Rule: Tentative Conclusions about Uncertain Democracies*, Baltimore: The Johns Hopkins Univ. Press.

정치변동과 허정·최규하 과도정부 성립과정의 비교

양동안

1. 정치변동의 양상

1) 이승만정권의 붕괴과정

1950년대 말부터 한국사회에서는 이승만정권의 독재와 부패, 그리고 그 정권하에서의 물가고와 빈곤에 대한 대중의 불만이 고조됐다. 그에 반해 그러한 대중의 불만에 대한 이승만정권의 대응은 극히 비효율적이었다. 이승만정권은 그러한 대중의 불만을 축소·완화시키기 위한 보다 근본적인 대책을 강구하지 않은 채 타성적으로 대응했고, 나아가서는 국회에서의 국가보안법개정안 변칙통과나 <경향신문> 정간 등과 같은 정권으로부터 민심을 이반하게 만드는 실수들을 많이 범했다.

1960년 초부터 전개된 3·15정·부통령선거를 위한 이승만정권의 부정선거 운동은 이승만정권에 대한 국민의 고조 일로에 있던 불만과 분노를 독재정권에 대한 국민적 저항의 폭발로 연결하는 결정적인 도화선이 됐다. 야당 후보 조병옥이 미국에서 병사했으므로 이승만의 대통령 당선은 쉬운 일이었다. 그럼에도 불구하고 이승만정권이 부정선거를 계획·실천한 이유는 대중의 인기가 없을 뿐만 아니라 이승만정권 부패의 원흉으로 국민의 지탄대상이 돼 있는 이기붕을 부통령에 당선시키기 위해서였다. 당시 이승만이 86세의 고령이었기 때문에 그의 사망은 언제라도 일어날 수 있을 것으로 간주됐으며, 그가 사망할 경우 대통령직을 계승할 부통령에 이기붕을 선출해 놓아야 자유당의 계속집권이 보장될 수 있었다. 선거가 공정하게 실시될 경우 야당인 민주당 출신의 현직 부통령인 장면이 재선될 것이 확실시됐기 때문에 집권당인 자유당은 여당 당원과 어용단체 단원들은 물론 공무원과 경찰까지 총동원하는 부정선거를 계획·실천하게 됐다. 단지 이승만정권의 유지에 그치지 않고 국민적 지탄의 대상인 이기붕까지 부통령에 당선시키려는 지나친 욕심으로 인해 결국 이승만정권의 붕괴를 자초하는 부정선거가 자행된 것이다.

이승만정권은 선거운동이 개시되면서부터 야당의 선거운동을 탄압하고 각종 부정선거 책동을 노골적으로 전개해 대중의 이승만정권에 대한 분노를 더욱 고조시켰다. 대중은 여당의 선거유세에는 불참하고 야당의 선거유세에는 대대적으로 참집함으로써 그러한 부정선거 책동에 대한 반감을 표현했다.

이승만정권의 붕괴를 초래한 학생시위의 시발은 야당후보 선거 유세장에 참여하는 청중수를 줄이려는 이정권의 무리한 조치에 대한 학생들의 반발에서 시작됐다. 최초의 학생시위는 전통적으로 야당세가 매우 강한 대구에서 발생했다.1) 대구에서 발생한 고등학생들의 시위는 전국의 대학생 및 고등학생들에게 부정선거를 추진하는 자유당정권에 항의하는 행동을 하도록 자극했다. 이정권의 부정선거 운동과 야당 선거운동 탄압이 심해지면서 자유당정권에 항의하고자 하는 학생들의 의분은 더욱 강해졌다. 대구에 학생시위에 이어 3월 5일에는 서울에서 야당 선거유세 직후 대학생들의 시위가 발생했다. 그 이후 서울과 지방 주요도시에서는 주로 고등학생들의 소규모 시위가 산발적으로 전개됐다.

이정권의 부정선거책동에 항의하는 고교생들의 산발적인 시위는 선거 전날인 3월14일까지 서울을 비롯한 전국 여러 도시에서 계속됐고, 이러한 학생들의 시위에 일반대중도 무언의 지지를 보냈다.

자유당정권은 그러한 국민적 분노를 무시하고 부정선거를 자행했다. 선거일인 3월 15일 전국의 투표소에서는 야당 참관인의 투표소 입장 방해 및 축출, 야당성향 유권자의 투표권 강탈, 3인조·5인조의 합동 공개투표, 대리투표, 무더기표 투입 등의 사건이 발생했고 자유당 당원과 경찰은 반공청년단 등 관변단체 단원들과 합세해 그러한 부정선거를 감행했다.2)

---

1) 이정권은 2월 28일 대구에서 열리는 야당 부통령후보 장면의 선거유세에 학생들이 참석하는 것을 막기 위해 28일이 일요일임에도 불구하고 대구지역의 고등학생들을 학교에 등교하도록 하는 황당무계한 조치를 취했다. 경북고를 비롯한 대구의 고등학교 학생들은 이러한 이정권의 조치에 항의해 28일 대구시내에서 학생시위를 전개했다.
2) 자유당정권은 그러한 투표부정 외에 투표함을 바꿔치기하고, 개표장에 자유당측 참관인만 참관하는 가운데 사복경찰관들을 개표 종사원으

국민적 분노를 무시한 자유당정권의 폭력적 부정선거 자행은 마침내 3월 15일 마산에서 대규모 군중시위를 촉발시켰다.[3] 경찰은 시위대를 향해 총격을 가했고 그로 인해 많은 사상자가 발생했다. 마산에서의 격렬한 군중시위와 경찰의 시위대를 향한 총격으로 인한 유혈사태는 자유당의 부정선거에 분노하고 있던 국민을 한층 더 분노하게 만들었다.

자유당정권은 이런 사태에 당면해 한편으로는 발포 책임자를 문책하면서 다른 한편으로는 선거결과를 기정 사실화하려는 전술로 대응했다. 시위대에 대한 발포책임을 물어 경남과 마산의 경찰간부들을 해임·징계하고 발포 경찰관들을 구속하는 등으로 사태를 수습하려고 했다. 3월 18일 마산사건에 대한 책임을 지고 최인규 내무장관이 사임했다. 최인규는 부정선거 집행의 총책임자이기도 해서 야당과 대중의 비판의 표적이었다.

그러한 수습책의 실시와 동시에 자유당정권은 3월 18일 중앙선거관리위원회로 하여금 3·15정부통령선거에서 대통령에 이승만, 부통령에 이기붕이 각각 당선됐음을 공식 발표하도록 했다.

그러나 이러한 수습책은 사건의 본질을 파악하지 못한 것이어서 효과가 없었다. 학생과 민중은 3·15부정선거에 분노한 것이었

로 가장해 개표결과를 조작하는 개표부정도 저질렀다.

3) 민주당 마산시당은 자유당의 극심한 부정선거에 항의해 3월 15일 오전 선거포기를 선언했다. 그들은 마산시 선거관리위원회에 투표참관 포기서를 제출하고 모든 투표소에서 민주당측 참관인을 철수시켰다. 그런 후 가두방송을 통해 선거포기 사실을 알리고 30명의 당원이 "협잡선거 물리치자"는 구호를 외치며 가두시위를 시작했다. 자유당의 부정선거에 분노하고 있던 시민과 학생들이 이에 합세해 대규모 군중시위를 했고, 경찰이 이를 폭력적으로 진압하자 시위는 경찰파출소를 습격하는 등 과격해졌다.

으므로 3·15부정선거를 무효화하는 것이 들어 있지 않은 어떠한 수습책도 사태를 해결하는 효과를 나타낼 수 없었다. 18일 이후에도 전국 각지에서 자유당정권의 부정선거와 마산사태에 항의하는 시위가 전개됐다. 야당인 민주당도 이러한 민중의 분노를 배경으로 3·15선거 무효화를 위한 정치공세를 전개했다.

　민중의 분노와 그를 배경으로 한 학생시위는 4월 11일 3·15마산시위에 참여했다가 경찰에 살해당한 한 학생의 시체가 마산 앞바다에서 떠오른 사건을 계기로 절정을 향해 치달았다.[4] 이 사건을 계기로 마산에서는 11일부터 13일까지 격렬한 민중폭동이 전개됐다. 시위대는 경찰서를 습격, 경찰서장을 구타하고 그의 차를 불살라 버렸으며, 3개의 경찰파출소, 자유당 마산시지구당 건물, 서울신문사 마산지국 사무실, 자유당 소속 국회의원과 시장의 가옥 등을 파괴하고 마산시청을 점거하는 등 한때 마산을 무정부상태로 만들었다.

　자유당정권은 이러한 제2차 마산사태에도 불구하고 국민의 분노를 잠재울 근본적인 대책을 강구하지 않고, 오히려 그 사태의 배후에 공산당이 있는 것 같다는 주장을 하며 국민에게 법과 질서를 지킬 것만을 당부했다. 그러한 자유당정권의 태도는 국민을 한층 더 분노하게 만들었다.

---

[4] 이날 시체로 떠오른 학생은 김주열군이다. 전북 남원이 고향인 17세의 김군은 3·15마산시위 당시 마산의 외가에 왔다가 시위에 참가했다가 경찰의 총격을 받아 사망했다. 경찰은 그의 시체를 바다에 던졌던 것인데 그 시체가 떠오른 것이다. 떠오른 시체는 오른 눈으로부터 뒷목에 이르기까지 폭발되지 않은 최루탄이 박혀 있는 처참한 모습이었으며, 시체의 이 처참한 모습은 자유당정권의 무자비함을 상징하는 것처럼 느껴져 국민들을 더욱 분노하게 만들었다.

마산에서의 격렬한 시위 소식에 자극받아 전국 각지에서 소규모 학생시위가 산발적으로 전개되고 있는 가운데 서울의 대학생들은 부정선거에 항의하는 대규모 연합시위를 계획했다. 계획중인 연합시위에 앞서 고대생들이 4월 18일 단독으로 시위를 하고 귀가하던 도중 자유당이 동원한 깡패들에게 습격당해 많은 부상자가 발생했다. 이 사건은 대학생과 시민들을 더욱 자극해 4월 19일 서울을 비롯한 전국 주요도시에서 대규모적이고 격렬한 학생·시민 시위가 발생했다.

4월 19일 서울에서는 약 10만 명의 학생과 시민이 참여하는 대규모 시위가 발생했고, 부산, 대구, 광주, 대전 등 주요 지방도시에서도 격렬한 학생시위가 발생했다. 시위대는 3·15부정선거 무효화, 학원자유 보장과 학생시위 막지 말 것, 민주주의를 바로 세워 공산주의 타도할 것 등을 외치며 시위했다. 여기서 주목해야 할 사항은 시위학생들의 선언문이나 구호에 이승만의 사임을 요구하는 내용은 없고 반공적인 내용이 들어 있다는 점이다.[5]

이날 서울의 시위군중은 서울신문사를 비롯해서 다수의 경찰 파출소, 일부 관공서 청사 등 건물을 방화하거나 파괴했고, 경찰은 시위대에 총격을 가해 많은 사상자가 발생했다. 자유당정권은 경찰력만으로는 시위를 저지할 수 없다고 판단, 이날 오후 서울,

---

[5] 한완상 외 편, 1983: 377-391에 수록된 4·19혁명 선언집과 학민사 편집실, 1983: 42-47에 수록된 4월혁명의 구호 및 플래카드 참조. 4월 25일 대학 교수단 시위가 있기 이전 학생시위에서 직접 이승만의 사임을 요구하는 구호가 등장한 것은 4월 19일 국회의사당 앞 시위에서 즉흥적인 구호로 나온 것 한 번뿐이다. 이 즉흥적 구호는 서울상대생들이 외친 것으로 알려져 있다. 이 즉흥적 구호가 나타나게 된 경위에 대해서는 정국로, 1995: 467 참조.

부산, 대구, 광주, 대전 등 5대 도시에 비상계엄령을 선포하고 전국의 각급 학교에 휴교령을 내렸다.

자유당정권은 비상계엄령을 선포해 물리적 강제력으로 시위를 진압하면서 다른 한편으로는 정치적 양보조치를 취해 민중의 혁명열기를 진정시키려 했다. 이대통령은 21일부터 사태의 책임을 물어 전 국무위원(사표수리 과정에서 국방장관 김정열의 사표는 수리하지 않았다)과 자유당 당무위원 전원을 사퇴시키고, 시위대에 총격을 가한 책임을 물어 경찰의 주요간부들을 모두 사임시켰다. 뒤이어 이정권은 이승만의 자유당 탈당, 이기붕의 부통령 당선사퇴, 고대생 습격사건의 책임자 임화수, 유지광 등 정치깡패들의 구속, 시위과정에서 부상당한 학생들에 대한 정부주도의 구호활동 전개, 야당에 대한 내각책임제 개헌제의, 초당파 거국내각 구성추진과 같은 조치를 취했다.

그러나 이러한 양면전술은 성공을 거두지 못했다. 우선 정치적 수습책이 타이밍을 놓쳐 소기의 효과를 거두지 못했으며, 초당파 거국내각이 조속히 구성되지 않았다. 위기의 순간에 이대통령은 국민의 신뢰를 받을 수 있는 보좌진 없이 홀로 위기에 대처한 셈이다. 이승만은 자신의 사임결의 발표시간 약 15시간 전인 25일 오후 7시에야 외무장관 허정, 내무장관 이호, 법무장관 권승렬 등 3명의 각료를 임명했다.

게다가 야당인 민주당은 위기에 몰린 자유당정권을 붕괴시키기 위해 정치공세를 강화했다. 민주당은 자유당 온건파와 민주당의 연립내각을 구성하려는 자유당 온건파의 제의를 거부하고, 민주당의 지도자이자 부통령인 장면은 23일 부통령 사임을 선언함으로써 이정권에 압박을 가했으며, 민주당은 이승만의 대통령 사임을 촉구하는 결의안을 국회에 제출했다.

같은 시기에 미국도 이승만에 사임압력을 가했다. 주한 미국대사 매카나기는 4월 초부터 국무성에 보낸 전문을 통해 이승만정권에 대한 민중의 분노가 고조되고 있으며, 한국의 관리들과 군부에서조차 이승만에 대한 불만이 높아지고 있음을 지적하고, 그러한 분노와 불만이 폭동으로 발전해 공산주의자들에게 이용당하는 사태를 피하기 위해 이승만에게 경제제재나 원조삭감보다 훨씬 강한 압력을 가해 줄 것을 촉구했다.[6]

매카나기는 반정부시위가 절정에 달한 4월 19일 미국이 시위대에 우호적인 태도를 취하는 듯한 인상을 풍기는 성명을 발표했고, 이승만을 방문해 대통령선거를 다시 하는 것만이 사태를 진정시킬 수 있는 해결책이라고 이승만에게 충고했다.[7] 미국 대통령 아이젠하워도 이날 미 국무장관 허터에게 이승만에게 강경한 태도를 보여줄 것을 지시했고, 허터는 주미 한국대사 양유찬을 불러 한국정부가 ① 3·15부정선거에 대한 대중의 불만을 철저히 조사하고 부정선거에 책임이 있는 공무원과 자유당 간부들을 해임할 것, ② 초당파적 위원회에 의한 선거법개정 추진, ③ <경향신문> 복간, ④ 지방자치법의 폐지, ⑤ 국가보안법의 독소조항 폐지 등의 조치를 취할 것을 촉구했다.[8]

---

[6] *Foreign Relations of the United States (FRUS), 1958-1960*, Vol. XVIII: 612, 617-618에 수록된 Telegram from the Embassy in Korea to the Department of State, 1960. 4. 2와 1960. 4. 17 참조.

[7] *FRUS 1958-1960*, Vol. XVIII: 620-622에 수록된 Telegram from the Embassy in Korea to the Department of State, 1960. 4. 19.

[8] *FRUS 1958-1960*, Vol. XVIII: 623에 수록된 Memorandum of Telephone Conversation between President Eisenhower and Secretary of State Herter, 1960. 4. 19와 627-629에 수록된 Memorandum of Conversation, Sub: Call by Korean Ambassador, 1960. 4. 19.

매카나기는 미국정부가 제시한 수습책을 한국의 각료들과 핵심 군부지도자들에게 전달했으며, 4월 21일 이승만을 만나 반정부시위가 민주당과 가톨릭의 배후조종에 따른 것이라는 이승만의 상황판단이 잘못된 것임을 정면으로 반박하면서 미국정부가 제시한 수습책을 실천하도록 촉구했다. 이승만이 정보를 제대로 접하지 못해 상황판단을 그릇되고 하고 있으며 미국정부가 제시한 수습책을 받아들이려 하지 않자, 미 국무부는 23일 이승만은 물론 정부 및 자유당 내의 강경파와 과격분자들을 고립시키고, 민주당과 자유당의 온건파, 그리고 학생들을 포함한 비정치그룹을 결합시켜 보다 광범한 지지기반을 갖는 정부를 구성하는 방안을 지체 없이 강구할 것을 지시했다.9) 이 23일자 지시는 미국 대사관으로 하여금 이승만에게 사임압력을 가하도록 지시하는 것과 동일한 의미를 갖는다.

매카나기는 4월 26일 오전 주한미군사령관 매그루더와 함께 이승만을 방문해 김정열과 허정이 지켜보는 가운데 이승만에게 그들이 도착하기 직전에 발표된 이승만의 대국민담화 각 항목의 분명한 뜻의 설명을 요구하면서 그의 즉시사임을 직접적으로 종용했다.10) 매카나기는 외교적인 화법으로 "이제 연로한 정치가가 젊은 사람에게 부담을 넘겨줄 때가 됐다"고 부드럽게 말했지만, 그가 한 말의 취지는 결국 '국민이 원한다면' 사임하겠다는 이승

---

9) *FRUS 1958-1960*, Vol.XVIII: 629-633에 수록된 Telegram from the Embassy in Korea to the Department of State, 1960. 4. 21과 634-637에 수록된 Telegram from the Department of State to the Embassy in Korea, 1960. 4. 23.

10) *FRUS 1958-1960*, Vol.XVIII: 640-644에 수록된 Telegram from the Embassy in Korea to the Department of State, 1960. 4. 26.

만의 의도를 즉각 사임으로 바꾸도록 요구한 것으로 해석된다.

4월혁명에서 이승만의 사임을 처음 요구한 것은 학생들이 아니었다. 앞서 언급한 바 있었듯이 25일 교수단 시위 전까지는 학생들의 공식 선언문이나 구호에 이승만 사임요구가 들어 있지 않았다. 당시 학생들이 시위에 참가하게 된 동기에 관한 한 체계적인 연구도 학생들이 이승만의 사임을 크게 요구하지 않았음을 입증해주고 있다(김성태, 1983: 119-122 참조). 학생들의 시위를 이승만의 사임으로 몰고 간 것은 민주당과 미국이었다.

이승만은 또한 물리적 강제력을 동원한 시위진압에도 실패했다. 계엄군이 시위대를 단호하게 진압하지 않았던 것이다. 계엄사령관 송요찬은 "데모대는 폭도가 아니다," "경찰의 보복행위를 불허하고 연행자 중 무혐의자는 석방하겠다"는 등의 언명으로 시위대에 유화적 태도를 취했으며, 계엄군은 시위대에 대해 불발포 방침을 고수했다(심재택, 1983: 53). 계엄사령관 송요찬은 법률상의 국군 통수권자인 이승만보다 실질적인 작전 지휘권자인 주한미군사령관의 지시를 더 존중한 것으로 보인다(당시도 한국군의 작전지휘권은 주한미군사령관에 있었다). 송요찬은 특히 이승만을 고립시키라는 미국정부의 23일자 지시가 있은 후 그러한 태도를 더욱 강하게 나타낸 것으로 해석된다.[11]

---

11) 자유당정권 최후의 위기기간중 한국군부는 이승만보다 주한미군에 충성한 듯하다. 4월 11일 제2차 마산시위 당시 경찰력으로는 사태를 진압하기 어렵게 되자 홍진기 내무장관은 김정열 국방장관에게 군병력의 투입을 요청했다. 김정열은 이 문제를 주한미군사령관 매그루더와 협의했으며, 양인은 군병력을 마산시내에 투입해서는 안 된다는 데 합의했다(정용욱, 1998: 243). 4월혁명 기간중에 보인 송요찬의 언행이나 김정열의 이러한 행동은 한국군부가 이승만보다 주한미군에 더 충성하고

송요찬의 이러한 중립적 태도는 계엄령에 의해 시위가 금지됐음에도 불구하고 4월 25일 서울 중심가에서 대학교수단이 시위를 할 수 있도록 해 주었으며, 이 대학교수단 시위가 이승만의 사임을 초래하는 데 결정적 역할을 했다. 대학교수단은 이날 이승만의 사임을 촉구하며12) 가두시위를 전개함으로써 이승만의 사임까지를 요구하는 격렬한 군중시위를 유도했다. 대학교수단의 시위에 뒤이은 학생, 시민들의 시위에 대해 계엄군은 강경한 진압태도를 취하지 않고 시위 진압과정에서 체포한 학생들을 즉시 석방했다. 계엄군의 이러한 호의적 중립태도(benevolent neutrality)에 고무된 시민들은 25일 밤까지 시위를 전개했으며, 26일 새벽부터 다시 대규모 시위에 나섰다. 계엄군의 사실상의 방관하에 전개된 26일 시위에서는 시위 참여자가 급속히 늘어나 오전 9시경에 5만 명을 넘어섰다. 계엄사령관 송요찬은 시위군중 가운데서 임의로 시민대표 5명을 선정해 그들을 인솔하고 대통령과 면담하게 했으며, 시민대표들은 이승만에게 사임을 요구했다. 계엄군이 이승만 사임을 요구하는 시위를 사실상 방관하는 가운데 계엄사령관 송요찬이 시민대표들을 인솔해 이승만과 면담시키고 그 시민대표들이 이승만에게 사임을 요구한 것은 송요찬 자신이 이승만에게 사임을 요구한 것과 같은 행위로 해석할 수 있다.

있었음을 시사한다.
12) 대학교수단의 이승만 사임촉구는 그들이 시위에 앞서 발표한 선언문 속에 천명됐다. 대학교수 시국선언문은 "누적된 부패와 횡포로써 이 민족적인 대참극과 치욕을 초래케 한 대통령을 위시하여 여·야 국회의원 및 대법관 등은 그 책임을 지고 물러나지 않으면 국민과 학생들의 분노는 가라앉기 힘들 것이다"고 주장했다(한완상 외 편, 1983: 381에 수록된 대학교수단 시국선언문).

이승만은 사면초가에 있으면서 어느 누구로부터도 지원을 받지 못했다. 그런 상황에서 그가 취할 수 있는 유일한 선택은 사임뿐이었다. 이승만은 26일 오전 '국민이 원한다면' 대통령직을 사임하겠다는 성명을 발표했다. 이날 이승만의 성명내용은 당장 사임하겠다는 뜻이 아니었다.13) 국회는 이날 오후 자유당 내 이기붕파 의원들이 다수 불참한 가운데 자유당 혁신파와 민주당 중심으로 본회의를 열고 이승만의 즉각사임을 포함한 4개항의 시국수습안을 만장일치로 통과시킴으로써 "국민이 이승만의 즉각사임을 원한다"는 사실을 확인했다. 이러한 국회의 결의를 전해들은 이승만은 27일 오전 국회에 사직서를 제출하고 경무대 공보실을 통해 정식으로 대통령직 사임성명을 발표했다. 이승만은 28일 대통령관저인 경무대를 떠났고, 국회는 5월 2일 정식으로 이승만의 사직서를 수리했다.

2) 박정희정권의 붕괴과정

박정희의 유신정권이 장기화되면서 박정권의 독재와 부패, 그리고 박정권하에서 확대되고 있는 경제적 불평등과 노동자 착취

---

13) 4월 26일 발표된 이승만의 성명내용은 ① 국민이 원한다면 대통령직을 사임하겠다, ② 정·부통령선거를 다시 하도록 지시했다, ③ 이기붕을 이미 모든 공직에서 물러나도록 했다, ④ 국민이 원한다면 내각책임제개헌을 하겠다 등이었다. 이러한 성명내용에 비추어 볼 때 이승만 자신은 26일의 성명을 자신이 당장 사임할 것을 천명하는 것으로 생각지 않았던 것이 분명하다. 대체로 거국내각을 구성해 사태를 수습하고 내각책임제 개헌을 한 다음 그의 대통령 임기가 만료되는 8월 14일에 사임하려고 했던 것으로 추측된다.

에 대한 대중의 불만이 고조됐다. 이러한 대중의 경제적 불만은 1970년대 말 경제불황의 도래로 더욱 심각해졌다. 이러한 대중의 경제적 불만과 박정권의 독재와 부패에 대한 정치적 불만이 결합하여 박정권에 대한 저항이 강해졌다. 이러한 저항의 고조에 대해 박정권은 탄압 일변도의 강경 대응책만 구사함으로써 자신을 위기로 몰아넣었다.

박정권에 대한 대중의 불만이 크게 고조되고 저항이 종전보다 높은 수준으로 강화되고 있는 증후는 1979년 봄부터 나타났다. 79년 3월 1일 3·1운동 60주년을 맞아 윤보선, 함석헌, 김대중 등 재야지도자들이 "민주구국선언"을 발표하고 '민주주의와 민족통일을 위한 국민연합'을 발족시킬 것을 천명했다. 이 사건은 박정희의 유신 독재정권에 저항해 온 민주화운동 세력들이 유신독재 반대투쟁에 따르는 희생에 대한 공포심이 크게 축소됐음을 뜻하는 것이었다.

3·1절 구국선언에 뒤이은 정권의 민주화운동 세력 탄압으로 사회분위기가 긴장되고 있는 가운데 4월 중순 대중의 경제적 불만이 인내의 한계를 넘어서고 있음을 알리는 상징적인 사건, 즉 YH무역 노동자 농성사건이 발생했다. 그 회사의 노동자 500여 명은 경영이 어려워진 회사를 기업주가 일방적으로 폐업한 데 대해 항의하는 농성을 전개했다. 당국은 경찰력을 투입해 공장 재개를 요구하며 농성하는 노동자들을 강제 해산했고 그 과정에서 많은 사람이 부상당하고 체포됐다.

재야세력과 민중의 투쟁이 강화되는 가운데 유신독재에 부분적으로 협조해 온 제도권 야당인 신민당도 박정권에 대한 반대 입장을 강화했다. 신민당의 박정권에 대한 반대입장 강화는 그 당의 지도자가 박정권에 협조적인 인물에서 박정권에 보다 비판적인 인물로 교체되면서부터 시작됐다. 5월 30일 야당인 신민당 전당대회에서 박정권에 대해 보다 강경한 반대입장을 취하는 김영삼이 타협적 노선을 취하는 이철승을 누르고 총재로 선출됐다.14) 신민당의 당수 교체는 그 당의 야당성 회복을 의미했으며, 앞으로 제도권 야당이 재야세력 및 민중과 반독재투쟁에서 연대하게 될 것임을 의미하는 것이었다.

6월에는 서울에서 최근 수년 동안 목격할 수 없었던 대규모 학생시위가 발생하는 등 박정권에 대한 반대투쟁이 확대됐다.

8월에는 공장에서 농성중이던 YH무역 여성노동자들이 경찰의 습격을 받자 야당성을 회복한 신민당 당사로 피난해 이곳에서 농성을 계속했다. 이 사건은 재야세력과 민중의 반정권투쟁이 제도권 야당과 결합되고 있음을 의미하는 것이었다. 박정권은 8월 9일 신민당사에 경찰력을 투입해 무자비한 폭력을 행사하면서 YH무역 여성노동자들을 연행해 갔다. 그 과정에서 경찰은 농성중이던 여성노동자들은 물론이고 신민당 총재 김영삼을 비롯한 신민당 국회의원과 취재중이던 기자들에게까지 폭력을 휘둘러 부상을 입혔다. 경찰은 농성중인 노동자 외에 국회의원 10명을 포함한 신민당 당원들까지 연행해 갔다.

신민당은 이러한 박정권의 무자비한 조치에 항의해 11일 밤부터 총재 김영삼을 포함해 100여 명의 당원들이 농성투쟁을 전개했다. 이러한 신민당 중앙당에서의 농성투쟁은 지방 도시에 있는 신민당 지부에서의 농성투쟁으로 확산됐고, 신민당의 농성장에는 재야세력과 학생들이 방문해 신민당을 격려했다.

---

14) 당시 박정권은 중앙정보부를 동원해 이철승을 적극 지원했지만 재야세력의 지원을 받은 김영삼이 승리했다.

이처럼 제도권 야당인 신민당과 재야 민주화운동 세력 및 민중이 결합하는 모습을 보이자 박정권은 신민당의 야당성을 약화시키기 위해 야당성 회복의 중심인물인 총재 김영삼을 제거하는데 나섰다. 박정권은 먼저 신민당 내의 반(反)김영삼 당원들을 동원해 신민당 집행부에 대한 직무정지 가처분신청을 법원에 제출토록 공작하고 법원으로 하여금 그 신청을 받아들임으로써 김영삼의 총재역할 수행을 저지하려고 했다.15) 그에 이어 박정권은 김영삼의 국회의원직을 박탈했다. 김영삼은 <뉴욕타임스>와의 기자회견에서 "미국은 인권을 탄압하는 박정권에 대한 지지를 중단해야 한다"는 의미의 발언을 한 바 있는데, 박정권은 이러한 김영삼의 발언이 사대주의적이라고 비판하면서 국회에서 김영삼을 제명했다.16) 신민당 소속 국회의원 66명 전원은 김영삼 제명에 항의해 의원직 사퇴서를 제출하고 국회에 등원하지 않았다.

15) 신민당의 반김영삼계 지구당위원장 3명은 그 해 5월의 신민당 전당대회에서 총재에 당선된 김영삼의 지지표 가운데 무자격 대의원의 표가 포함돼 있으므로 그의 당선은 무효라고 주장하면서, 그 사건을 법원에 제소하는 동시에 그에 대한 법원의 최종판결이 날 때까지 김영삼 등 당 집행부의 직무를 정지시켜 줄 것을 서울지방법원에 신청했다. 독재정권하에서 사법부의 독립성은 확보될 수 없었고, 서울지방법원은 9월 8일 그 신청을 받아들여 김영삼 등의 직무정지 가처분결정을 내렸다. 김영삼측은 그러한 법원의 가처분을 야당을 말살하려는 정권의 음모로 규정, 이를 수용하지 않았다. 이 가처분은 박정희가 피살되고 난 후인 12월 12일 신청인 3인이 고소를 취하함으로써 백지화됐다.
16) 민선 여당인 공화당 소속의원과 대통령이 사실상 임명하는 유정회 소속의원을 합쳐 국회의석의 3분의 2를 차지하고 있는 여당 국회의원들은 10월 3일 사복경찰관을 동원, 국회의사당을 포위하고 야당의원들을 움직일 수 없게 만든 다음, 자기들끼리 국회 별실에서 별도의 회의를 개최해 김영삼의 제명을 가결했다.

박정권의 이러한 일련의 야당탄압 조치에 국민들은 박정권의 포악성과 무도함에 경악했으며 한때 유신독재를 소극적으로 용인했던 일부 국민들도 대부분 용인의 태도를 취소했다.

박정권은 한편으로는 반대세력의 저항을 억압하기 위해 무자비한 탄압을 자행하면서, 다른 한편으로는 반공과 부패 숙청극을 도구로 사용해 대중의 독재정권에 대한 분노를 약화시키려고 했다. 북한간첩 사건 및 공산당 관련사건을 발표해 공산주의에 대한 공포심을 자극, 정권에 대한 대중의 정치적 반감을 약화시키는 전술은 박정희 집권기간중 자주 사용해 온 상투적 수법이었다. 박정권은 10월 9일 무시무시한 내용이 담긴 남조선민족해방전선 준비위원회 사건을 발표하면서 그 구성원 74명 중 20명을 검거했다고 발표했다.17) 박정권은 또 수시로 부패 숙청극(진정한 부패숙청이 아니라 하위직 관리나 비핵심 고위관리 및 여당의 비핵심 정치인들의 부패행위를 적발·처벌해 부패를 숙청하는 것처럼 상징 조작하는 행위)을 공연해 정권의 부패에 대한 대중의 불만을 완화시키려 했다.

그러나 공산주의에 대한 공포심 조장과 부패 숙청극으로는 박정권에 대한 국민의 분노를 완화시킬 수 없었다. 재야세력과 학생들의 강화된 민주화운동과 고조 일로에 있던 민중의 독재정권에 대한 분노는 10월 16일부터 19일까지 김영삼의 정치적 고향이자 야당 강세 도시인 부산과 마산에서 격렬한 민중폭동으로 폭발했다.

10월 16일 저녁 부산의 대학생 약 5천 명이 가두시위를 전개했

---

17) 당국은 그후 16일에는 25명을 추가로 검거했다고 발표했으며, 11월 13일에는 잔여 관련자 중 4명을 제외한 전원을 체포했다고 발표했다.

고 이에 시민과 노동자들이 합류했다. 약 1만 명으로 불어난 시위군중은 유신헌법 철폐, 독재정권 퇴진, 야당탄압 중지 등을 외치면서 격렬한 시위를 전개했으며, 경남도청, 경찰파출소, 친여적 신문사와 방송국 등에 투석하고 출동한 경찰 기동대의 차량을 탈취해 불태우거나 파괴했다. 이 야간폭동은 17일 새벽까지 계속됐는바 1960년 3월과 4월의 마산사태를 연상케 하는 격렬한 것이었다. 매우 많은 부상자가 발생하고 많은 시위자들이 체포됐음에도 불구하고 부산의 학생과 시민들은 17일 저녁에도 야간시위를 시도했으며, 박정권은 18일 오전 0시를 기해 부산에 비상계엄령을 선포하고 그 지역의 대학과 전문대학을 휴교시켰다.

부산에서의 격렬한 야간시위가 발생한 데 이어 마산에서 18일부터 부산과 비슷한 양상의 학생·시민 합동시위가 전개됐다. 박정권은 20일 마산시와 창원 일대에 위수령을 선포하고 시위를 진압했다.[18] 부마사태는 국민들의 독재정권에 대한 분노를 고조시키는 동시에 독재정권에 대한 두려움을 약화시켰으며, 이러한 민심의 동향은 제2의 4월혁명이 발생할 것 같은 느낌을 대중 사이에 확산시켰다.

유신정권에 대해 비판입장을 일관되게 취해 온 미국의 카터정부는 박정권의 무자비한 시위 탄압행위에 우려를 표명하며, 그런 탄압을 자제시키려 했다. 미국정부는 유신정권의 야당탄압 및 민중탄압에 대한 반대입장을 강력히 표시하기 위해 10월 6일 주한 미국대사를 본국으로 소환했다. 미국정부의 훈령을 받고 서울로 귀임한 주한 미국대사 글라이스틴은 10월 23일 박동진 외무장관과 태완선 유정회장을 방문하고, 한국의 정치사태에 대한 미국정

---

18) 부마사태 때 경찰에 체포된 인원은 부산 1,058명, 마산 505명이나 됐다.

부의 강한 우려를 전달했다.19)

　이러한 민심의 동향과 미국의 우려 속에 박정권 집권세력 내부에서도 민주화운동과 민중의 저항을 무력에 의한 무자비한 탄압만으로 대응하려는 박정희와 그의 경호실장 차지철의 강경 일변도 자세에 비판적 태도를 취하는 사람들이 많이 생기게 됐다. 중앙정보부장 김재규도 그 중 한 사람이었다.

　이러한 배경 속에 10월 26일 밤 청와대 근처의 안가에서 열린 술자리에서 김재규가 박정희와 차지철을 저격·살해했다. 김재규는 박정희가 차지철을 편애하는 데 대한 사적 원한과 시민들의 반정부 행동에 무자비한 탄압으로 일관하는 박정권을 붕괴시켜야 하겠다는 공적 대의가 복합적으로 작용해 박정희를 사살했다. 박정희의 독재는 박정희의 피살에 의해 종식됐다.

3) 비 교

　이승만정권과 박정희정권의 붕괴과정을 비교해 보면 다음과 같은 공통점이 나타난다.

　첫째, 두 정권 모두 독재정권의 피로현상으로 인해 독재정권 유지력이 약화돼 붕괴의 길을 가게 됐다. 독재정권이 오래되면

---

19) 당시 미국과 박정권의 관계는 매우 나빴다. 박정권의 인권탄압과 핵무기 개발추진은 미국정부의 강력한 비판을 받아 왔다. 미국정부는 박정권의 인권탄압과 핵무기 개발추진을 응징하기 위해 경제원조를 감축하고 주한미군을 감축하기도 했다. 주한미국 대사관은 기회 있을 때마다 반대세력에 대해 강경 일변도의 탄압이 아닌 보다 온건한 대응을 하라는 메시지를 한국정부에 전달했다.

정권의 피로현상이 나타나면서 정권 유지능력이 약화되며, 그와 병행해 독재정권의 탄압과 처벌에 대한 반대세력과 민중의 공포심도 약화된다. 이승만정권과 박정희정권은 독재를 시작한 지 약 10년이 지나면서 피로현상을 나타냈다. 독재정권의 정당성을 조작해 내기 위한 상징조작과 선전의 효과가 떨어지고 정권의 테크노크라트와 탄압기구들도 초기의 단호함과 효율성을 상실했다. 게다가 독재정권 내부에 분열이 생겨 반대세력과 민중의 저항에 대해 일사불란한 대응을 하지 못하게 됐다. 어떤 정권이든 그 정권을 유지하는 힘(자발적 지지, 상징조작력, 물리적 강제력 동원능력·탄압능력, 공포감 조장능력 등)이 붕괴시키려는 힘보다 우세하면 유지되고, 두 힘이 균형을 유지하면 혼란이 오고, 유지하려는 힘이 붕괴시키려는 힘보다 약해지면 붕괴된다.

둘째, 언로의 차단으로 독재자들이 정확한 상황판단을 하지 못하고 상황에 대한 올바른 대응책을 강구하지 못한 탓으로 붕괴가 가속됐다. 이승만은 이기붕 일당이 둘러친 인의 장막 및 정보의 장막에 둘러 싸여 3·15부정선거의 정확한 진상을 그가 사임성명을 발표하기 하루 전인 4월 25일에야 알았을 정도였다. 박정희는 경호실장 차지철의 통제로 인해 저격당하는 순간까지 강경대응책의 문제점을 파악하지 못했다. 이승만이 상황판단을 정확히 해서 조기에 3·15부정선거를 무효화하고 재선거 실시와 내각책임제 개헌을 약속했더라면 그의 치욕적인 사임은 피할 수 있었을 것이다. 박정희도 상황판단을 정확히 해 강경 일변도의 탄압조치를 취하지 않고 민주화와 부패숙청 조치를 취했더라면 죽지 않고 평화적으로 대통령직을 물러날 수 있었을 것이다.

셋째, 이승만과 박정희 모두 결정적 순간에 부하에게 배반[20] 당함으로써 쉽게 실각했다. 이승만은 김정열 국방장관과 송요찬

계엄사령관의 은근한 배반21)으로 인해 사임하게 됐고, 박정희는 김재규의 격렬한 배반에 의해 피살됐다.

넷째, 두 정권의 붕괴과정에서 모두 독재, 부패, 경제적 빈곤과 불평등 확대 등에 대한 대중의 누적된 불만, 학생들이 주도하는 군중시위, 미국의 직·간접적 영향력 등이 공통적으로 작용했다.

두 정권의 붕괴과정에서 나타나는 차이점으로는 다음과 같은 것들을 열거할 수 있다.

첫째, 이승만은 민중봉기에 대한 강경진압에서 후퇴해 자기의 부하들을 희생시키고 탄압장치들을 무력화시키는 등 유화적 수습책을 강구하다가 최후에 가서 자신의 대통령직 사임으로 끝을 맺은 데 반해, 박정희는 최악의 경우라도 대통령직 사퇴 같은 것을 전혀 고려도 하지 않았을 뿐 아니라, 민중의 불만 및 소요사태에 대해 강경진압 일변도로 대응하다가 부하에게 피살된 점이 다르다. 이러한 차이로 인해 이승만의 사임은 자유당정권의 완전 와해와 자유당 잔당의 무력화를 초래한 데 반해 박정희의 피살은 유신정권의 완전 와해와 유신잔당의 무력화를 초래하지 않았

---

20) '배반'이라는 용어가 부도덕한 뉘앙스를 가지고 있으나, 이 경우의 배반은 결코 부도덕한 것이 아니다. 왜냐하면 독재자들이 그들을 총애한 것은 자기의 독재정권 유지라는 부도덕한 목적을 위해서였기 때문이다. 독재자의 총애를 받던 사람이 독재를 종식시키기 위해 독재자를 배반하는 것은 '부도덕에 대한 배반'이기 때문에 도덕적으로 비난받을 일이 아니다.

21) 국방장관 김정열이 시위진압을 위한 군병력 조기투입에 반대한 것이나 계엄사령관 송요찬이 계엄지역 내의 시위진압에 소극적 자세를 취하고 시위대의 대표를 인솔해 대통령을 면담시키고 시위대 대표들로 하여금 이승만 사임을 촉구하게 하는 것은 인간적으로는 이승만에 대한 배반이라고 해야 할 것이다.

다. 바꾸어 말하면 이승만 사임 후 '이승만 없는 자유당정권'은 존속할 수 없었지만 박정희 사망 후 '박정희 없는 유신정권'은 적어도 당분간 존속할 수 있었다. 유신정권의 경우 독재자 박정희만 사라졌을 뿐 통치엘리트 집단과 강제력 장치들은 그대로 유지되고 있었기 때문이다.

　둘째, 이승만의 사임을 유도하기 위한 미국의 작용은 직접적이고 명백한 데 반해 박정희의 피살에 관한 미국의 작용은 불분명하다. 이승만의 사임 및 박정희의 피살에 앞서 미국의 이승만정권 및 박정희정권에 태도는 매우 부정적이었다. 미국은 이승만에 대해서는 앞서 기술한 바와 같이 주한미국 대사를 통해 사임을 노골적으로 종용했을 정도로 직접적인 영향력을 행사했다. 그러나 미국이 박정희의 암살을 배후 조종하거나 지원했는지 여부는 불분명하다. 박정희의 큰딸 박근혜는 미국이 박정권의 핵무기 개발노력을 탐지하기 위해 청와대를 도청했으며 박정희의 죽음이 핵무기 개발과 밀접히 관련돼 있었다고 주장했다(유용원, 1999. 4: 228-229). 그에 반해 미국정부는 김재규의 박정희 살해에 미국이 개입했다는 의문을 수차에 걸쳐 공식 부인했으며, 한국에서 첩보활동을 해 온 미국의 첩보요원들도 회고문 등에서 그럴 가능성을 부인했다.[22] 한편 당시 주한미국 대사였던 글라이스틴은 미국

---

[22] 김재규가 박정희를 저격하기 2시간 전에 주한미국 대사 글라이스틴과 회담했고, 10·26 직후 정승화의 지휘를 받은 헌병들에 의해 체포된 후 글라이스틴을 만나게 해 달라고 거듭 요구한 것 외에는 김재규의 행동과 미국간의 관계를 연결시킬 수 있는 어떠한 단서도 아직은 발견되지 않고 있다. 김재규가 박정희를 살해하기 전 글라이스틴과 만나 정확히 무슨 이야기를 했으며 박정희를 살해한 후 왜 글라이스틴을 만나고자 했는지에 대해서는 현재까지 정확히 알려진 것이 없다.

정부의 반박정희 분위기가 김재규의 박정희 살해의지를 고무했을 가능성을 인정하고 있다(Oberdofer, 1997: 115 <김명섭, 1999: 73에서 재인용>).

2. 과도정부 수립과정과 인적 구성의 특징

1) 허정 과도정부 수립과정과 인적 구성의 특징

이승만은 대통령직 사임성명을 발표하기 바로 전날인 4월 25일 오후 자신의 정권이 당면하고 있는 위기를 극복할 거국내각을 구성하려는 계획하에 우선 외무장관 허정, 내무장관 이호, 법무장관 권승렬 등을 임명했다. 이승만은 국민의 지탄대상인 자유당과 메별하고 자기를 지지하면서 야당 및 대중으로부터도 비난을 받지 않는 인물들로 거국내각을 구성해 위기를 극복하려 했던 것이다. 그러나 이승만의 그러한 계획은 그의 뜻대로 실행되지 못했다. 미국이 그에게 노골적으로 사임압력을 가하고 계엄사령관 송요찬도 사실상 이승만의 사임을 종용하는 상황에서 그러한 계획은 실천 불가능한 것이었다.

이승만은 사방에서 가해지는 사임압력에 굴복해 26일 아침 갑자기 사임성명을 발표했다. 이승만이 갑자기 사임하게 되자 허정은 대통령권한대행이 될 처지에 놓였다. 당시 부통령 장면은 3일 전에 사임했고 국무총리직도 없었기 때문에, 당시의 헌법규정에 따르면 장관들의 의전 서열상 수석인 외무장관이 대통령권한을 대행하도록 돼 있었다.[23] 그러나 허정의 대통령권한대행 및 과도정부 수반직책 수임은 헌법규정에 따라 행정부 내에서 스스로 결정된 것이 아니라 국회의 요구에 따라 이루어졌다.

　이승만이 사임의사를 발표한 26일 오후 국회는 자유당 혁신파와 민주당간의 합의에 의해 시국수습 방안을 만장일치로 결의했다. 그 수습방안의 내용은 ① 이승만의 즉시 사임, ② 3·15정·부통령선거의 무효화 및 재선거 실시, ③ 과도정부하에서의 내각책임제 개헌, ④ 개헌안 통과 후 민의원 해산과 총선거 즉시실시 등이었다. 이러한 수습방안을 결의한 후 국회의 여·야 간부의원들은 이승만의 사임으로 인한 행정공백을 피하기 위해 헌법의 규정에 따라 수석 국무위원인 허정이 대통령 직무를 대행해 과도내각을 조직해 줄 것과 그 과도내각을 지휘해 국회가 결정한 개헌과 총선에 관한 정치일정의 행정적 관리를 담당해 줄 것을 허정에게 요구했다. 허정은 이승만과 함께 사임할 것을 고집하다가 여·야 정치인들의 간곡한 부탁에 자기의 고집을 꺾고 27일 오후부터 과도내각 구성작업을 시작했다. 이승만의 요청에 따라 이승만의 대통령직 유지를 돕기 위한 거국내각을 조직하기 위해 장관이 됐던(허정, 1979: 216-217) 허정은 장관이 된 지 단 하루 만에 국회의 요청에 따라 이승만 사임 후의 뒤처리를 담당하는 과

---

23) 당시 헌법 제55조는 "대통령, 부통령이 모두 궐위된 때에는 제52조에 의한 법률이 규정한 순위에 따라 국무위원이 대통령의 권한을 대행하되 궐위된 날로부터 3개월 이내에 대통령과 부통령을 선거하여야 한다"고 규정했고, 당시 헌법 제52조는 "대통령이 사고로 인하여 직무를 수행할 수 없을 때에는 부통령이 그 권한을 대행하고 대통령, 부통령 모두 사고로 인하여 직무를 수행할 수 없을 때에는 법률이 정하는 순위에 따라 국무위원이 그 권한을 대행한다"고 규정했다. 당시 국무위원의 순위는 외무, 내무, 법무 등의 순이었다.

도내각을 조직하게 된 것이다.

허정은 하루밤 사이에 과도내각의 인선작업을 마친 다음 그 명단을 발표하기에 앞서 28일 아침 주한미국 대사 매카나기와 회담했다. 허정의 요청에 따라 이루어진 이 회담에서 허정은 자기와 과도정부에 대한 미국의 호의와 지원을 얻기 위해 여러 가지 내용의 말을 했다. 그는 ① 이승만을 사임하도록 압력을 가한 미국의 노력에 감사의 뜻을 표한다, ② 이승만과 관련된 미국의 노력은 결코 내정간섭이 아니며 '상황과 관련된 적절한 충고'이다, ③ 앞으로 어려운 일들이 발생할 것이고 또 할 일도 많으므로 미국의 충고와 지원이 있기를 희망한다, ④ 과거 미국이 많은 일들에 대해 충고했지만 연로한 대통령의 고집 때문에 한국정부가 그에 대해 호의적으로 행동하지 못했으며, 앞으로는 그러한 일들에 대해 미국의 충고를 전적으로 받아들이겠다, ⑤ 곧 발표될 과도내각의 장관 내정자 중 미국측이 마땅치 않게 생각하는 사람이 있을 경우 그것을 말해 주면 수용하겠다, ⑥ 만약 내각의 인선에 미국이 대체로 만족한다면 미국이 과정내각 구성에 호의적인 성명을 발표해 주면 상황을 진정시키는 데 도움이 되겠다는 등의 말을 했다. 그에 대해 매카나기 대사는 미국이 가능한 모든 방법으로 허정의 과도정부를 지원할 것임을 약속했다.[24]

허정은 미국대사와의 회담을 끝낸 후 과도정부 내각명단을 발표하고 과도정부 출범을 선언했다. 이날 발표된 내각명단은 과정수반 겸 외무장관 허정, 법무 권승렬, 내무 이호, 재무 윤호병, 문교 이병도, 상공 전택보, 보사 김성진, 교통 석상옥 등이다. 나머

---

24) *FRUS* 1958-1960, vol. XVIII: 647-650에 수록된 Telegram from the Embassy in Korea to the Department of State April 28, 1960.

지 각료는 5월 2일 추가로 발표됐으며, 그들의 명단은 국방 이종찬, 체신 오정수, 농림 이해익, 부흥부차관 겸 외자청장 유창순, 공보실장 서석순 등이다.

허정 과도내각의 인적 구성을 보면 다음과 특징이 발견된다. 첫째, 전적으로 허정의 사람들로 구성됐다. 각료인선을 허정 혼자서 했고,25) 거의 모든 장관이 허정과 다양한 사적인 연줄이 닿는 사람들이었다. 이병도는 허정의 보성전문 동기이고, 김성진은 허정이 보사부장관 시절 군병원을 운영하며 친분이 있던 사람이며, 석상옥은 허정의 교통부장관 시절 교통부 자재국장이던 사람이었고, 권승렬과 이호는 허정이 이승만에게 추천해 허정과 함께 장관으로 임명된 사람들이었다(허정, 1979: 224-225). 둘째, 무소속의 무정치적인 인물들로 구성됐다. 각료들이 모두 자유당이나 민주당의 당원이 아닌 사람들이었고 정치활동에 대한 관심도 갖지 않은 사람들이었다. 각료 대부분이 이승만에 대해 우호적인 경향을 가진 사람들이고 야당과 가까운 인사는 내각에 포함되지 않았지만, 전체적으로 보아 당파를 초월하는 내각이라는 인상을 주기에는 크게 부족하지 않았다.

이러한 특징을 가진 과도내각 구성에 대해 정당들은 수용적인 반응을 보였다. 자유당 혁신파는 과도내각 구성인물 가운데 다수가 친이승만적 성향의 인사들이라는 점에서 호의적이었고, 민주당도 구성인물들이 정치색이 약하고 어차피 과도내각의 역할이 행정치안으로 제한되며 활동기간도 3~4개월에 불과할 것으로 예상됐기 때문에 그러한 내각구성에 반발하지 않았다.

---

25) 허정은 과도내각 명단을 발표한 직후 인선에 대해 "나 혼자 인선한 것인 만큼 불평과 기타 모든 문제는 나 혼자 책임지겠다"고 말했다(동아일보, 1960. 4. 29).

미국대사 매카나기는 28일 허정의 과도내각 명단이 발표된 직후 기자회견을 통해 미국은 허정의 과도정부를 지지한다는 입장을 천명해 과도내각의 위상을 강화해 주었다.

2) 최규하 과도정부의 수립과정과 인적 구성의 특징

박정희가 피살된 지 몇 시간 후 최규하 국무총리와 신현확 부총리 등은 국방부에서 비상국무회의를 개최했다.[26] 비상국무회의는 김재규가 박정희를 사살한 사실을 파악한 후 육군참모총장 정승화에게 김재규를 체포하도록 하고, 당시의 헌법규정[27]에 의거해 최규하를 대통령권한대행으로 결정했다. 또한 이 회의는 신현확의 제안에 따라 27일 오전 4시를 기해 제주도를 제외한 전국에 비상계엄령을 선포하고 육군참모총장 정승화를 계엄사령관에 임명했다.[28] 이로써 박정희를 살해하고 실권을 장악하려던 김재

---

26) 이 비상국무회의에는 20명의 국무위원 중 최규하, 신현확, 법무장관 김치열, 국방장관 노재현 등 4명만 참석했으며, 회의는 신현확과 김치열에 의해 주도됐다.
27) 당시 헌법 제48조는 "대통령이 궐위되거나 사고로 인하여 직무를 수행할 수 없을 때에는 국무총리, 법률에 정한 국무위원의 순위로 그 권한을 대행한다"고 규정하고 있었다.
28) 계엄령 선포대상에서 제주도를 제외한 것은 전국에 계엄령을 선포한 것이 아니라 국토의 '일부'에 계엄령을 선포한 것이라는 법률적 효과를 노린 것이다. 계엄령이 전 국토에 선포되면 계엄사령관이 대통령의 지시를 받아 국정의 모든 분야를 지휘하게 되고, 국토의 일부분이라도 계엄지역이 되지 않으면 계엄사령관은 내각의 하위직으로서 대통령뿐만 아니라 국무총리와 국방장관의 지휘를 받게 된다. 신현확은 자신이 계

규의 계획은 무산되고 최규하가 대통령권한대행이 돼 과도정부를 이끌어가게 됐다.

최규하와 신현확은 10월 27일 8시 총리공관에서 박정희 사후의 국정운영 문제를 협의하기 위한 비상대책회의를 개최했다. 이 비상대책회의에는 최규하 총리, 신현확 부총리, 구자춘 내무, 김치열 법무, 노재현 국방, 정승화 계엄사령관 등이 참여했다.29) 이 날 회의에서 최규하는 대통령권한대행이고 국무총리이면서도 비상대책회의에서 시국수습에 관한 아무런 아이디어도 제시하지 못한 채 다른 사람들의 말만 듣고 있었고, 회의진행은 신현확에 의해 주도됐다. 이날 회의는 신현확의 제안에 따라 박정희 사후 수습대책의 골격을 마련했으며, 그 내용은 유신헌법에 의한 대통령선거→헌법개정→정권이양→유신헌법에 의해 선출된 대통령 퇴임 등이었다(김용삼, 1999. 2: 203).

이러한 비상대책회의에 뒤이어 최규하는 27일 오전 국가비상시국에 관한 특별담화를 발표했다. 담화는 박정희 급서 사실30)과

엄사령관을 지휘·감시할 수 있도록 하기 위해 제주도를 계엄선포 대상에서 제외하도록 한 것이다.
29) 비상대책회의는 11월 2일까지 5차례에 걸쳐 개최됐으며 참석인원은 첫날의 6인 외에 박동진 외무, 김성진 문공, 김종환 합참의장 등이 추가됐다. 이 회의에 합동수사본부장인 전두환이 배제되고, 공화당과 유정회의 간부도 배제됐다는 점이 이채롭다. 이들은 신현확을 중심으로 한 내각과 정승화를 중심으로 한 군부만으로 새로운 권력핵심을 구성하려 했던 것으로 보인다.
30) 이날의 담화는 박정희가 사망했다는 사실만 밝히고 김재규에 의해 피살된 사실은 밝히지 않았다. 그러나 도시지역에 거주하는 국민 대부분은 소문을 통해 박이 김에 의해 피살됐다는 사실을 알았고, 정부도 그 날 오후 박정희 피살사실을 공식 발표했다.

자기가 대통령권한을 대행하게 됐음을 알리고 국민에게 동요하지 말고 난국극복에 참여할 것을 호소하는 것이었다.

정치세력과 국민은 박정희 사후 민주화가 어떻게 진행될 것인지 관심을 기울이고 있었던 데 반해, 최규하·신현확 팀은 그날의 담화발표 이후 향후의 정치일정에 관해 침묵을 지키면서 모든 방송채널을 통해 하루종일 장송곡을 방송하면서 박정희의 죽음에 대한 애도 분위기만 조장함으로써 각성된 국민들로부터 빈축을 샀다. 최규하는 박정희가 피살된 지 약 반 달이나 경과한 11월 10일에야 앞서 10월 27일의 비상대책회의에서 결정된 바에 따른 정치일정에 관한 특별담화를 발표했다. 그 담화의 내용은 유신헌법에 의거 80년 1월 25일 이전에 새 대통령을 선출하고,[31] 새 대통령의 임기가 만료되기 전에 '현실적으로' 빠른 시일 내에 헌법을 개정하고 그 새 헌법에 따라 대통령 선거를 실시한다는 것이었다. 그 담화는 '신중하고 진지하게'를 강조함으로써 과도정부가 헌법개정과 민주화를 가능한 한 느리고 소폭적으로 추진하려는 의도를 가지고 있음을 내비쳤다.

신속한 민주화를 바라는 국민을 실망시키는 이러한 특별담화를 뒤늦게 발표할 때까지 최규하 과도정부가 취한 조치는 박정희의 장례식 준비와 집행, 계엄사령관 정승화의 제의에 따라 합동수사본부장직을 이용해 국가 정보기구와 군부 내에서 실권을 확대하고 있던 전두환의 권한을 약화시키는 것뿐이었다.[32]

---

31) 유신헌법 제45조는 "대통령이 궐위된 때에는 통일주체국민회의는 3개월 이내에 후임자를 선거한다"고 규정했다.

32) 최규하 과도정부는 박정희의 장례식을 최대한 거창하게 집행해 유신정권의 정당성과 위신을 국민에게 강변하려 했다. 전두환의 권한축소 조치는 박정희 피살과 김재규 체포 이후 그가 행사하고 있던 중앙정보

국민의 기대에 반하는 그러한 담화발표에 뒤이어 최규하는 11월 12일부터 11월 말까지 국민의 여론을 수렴한다는 구실로 정계 지도자들을 배제한 각계의 지도적 인사들과 연쇄적으로 면담을 실시했다. 이러한 면담은 폭넓게 의견을 수렴한다는 제스처를 취하면서 민주화의 속도를 최대한 늦추려는 술책이었다. 최규하 과도정부가 민주화를 위해 아무런 일도 하지 않으면서 시간을 끌면 대중의 반발이 고조될 것이므로 정치권 밖의 사회 지도급 인사들과 만나 실질적 효과가 없는 말장난을 하면서 대중에게는 마치 민주화를 추진하기 위해 무엇인가 하고 있는 것처럼 보이게 하고, 실질적으로는 민주화를 지연시키는 술책이었다.33)

　박정희 사후 여러 날이 경과해도 민주화를 위한 아무런 실질적 조치도 취하지 않으면서,34) 유신헌법에 의거해 최규하를 정식 대통령으로 선출하려 하는 최규하·신현확 팀의 기도에 대해 민

　부 지휘권을 박탈하는 것을 말한다. 정승화는 이희성 육군참모차장을 중앙정보부장 서리로 전임시킴으로써 전두환으로부터 중앙정보 지휘권을 박탈했다. 전두환은 12·12 직후 이희성을 육군참모총장으로 전임시키고 자기의 영향력하에 있는 인물로 중앙정보부장 직무를 대행케 하다가 1980년 4월 자신이 중앙정보부장을 겸임했다.

33) 그러한 연쇄면담이 민주화를 지연시키기 위한 술책이라는 것은 최규하가 민주화와 관련된 실질적 대화를 나눌 수 있는 여·야 정치지도자들과의 회담을 회피했다는 점에 의해 확인된다.

34) 최규하정부가 박정희 사후 12·12까지 약 1개월 반이라는 짧지 않은 기간에 민주화를 위해 취한 조치는 긴급조치 9호를 해제한 것 단 하나뿐이었다. 유신체제 반대자들을 탄압하기 위해 선포된 긴급조치 9호는 유신정권의 전부라 할 수 있는 박정희의 사망으로 무의미해졌음에도 불구하고 최규하정부는 그것조차도 신속하게 해제하지 않고 12월 7일에 가서야 해제했다.

주화운동 세력과 제도권 야당은 크게 반발했다. 그들은 이러한 최규하 과도정부의 행태를 '박정희 없는 유신정권 유지'노력으로 규정했다. 민주화운동 세력은 계엄령을 무시하고 11월 13일 최규하 과도정부의 박정희 없는 유신체제 유지노력을 비판하며 민주화를 요구하는 성명을 발표했으며, 11월 24일 밤에는 서울 명동의 YWCA강당에서 집회를 개최하고 유신헌법에 따라 통일주체국민회의에 의해 최규하를 대통령으로 선출하려는 것을 중지하고 거국적 민주내각을 구성해 민주헌법을 조속히 제정할 것을 촉구했다. 민주화운동 세력만이 아니라 제도권 야당도 유신헌법에 의해 새 대통령을 선출하는 등의 조치로 시간을 끌지 말고 민주화를 보다 신속하게 추진할 것을 촉구했으며, 일반대중도 민주화운동 세력 및 제도권 야당의 주장에 동조했다.

최규하 과도정부는 이러한 민주화운동 세력과 민중의 반대를 무시하고 유신헌법에 따라 12월 6일 통일주체국민회의에서 최규하를 정식 대통령으로 선출하는 일을 감행했다. 정식 대통령으로 선출된 최규하는 12월 10일 신현확 부총리를 국무총리로 지명했고 유신잔당, 즉 유정회와 공화당이 지배하는 국회는 12일 그에 동의했다.

이처럼 유신정권의 골격을 유지한 채 민주화를 최대한 지연시키면서 왜곡된 방향으로 추진하려던 유신잔당의 계획은 12월 12일 밤에 발생한 군부 반란사건으로 무산되고, 한국정치는 다시 군부의 손에 의해 통제되게 됐다. 이날 밤 하나회라는 사조직을 중심으로 형성된 육군 내의 전두환 세력은 계엄사령관 정승화를 체포하고 군부의 실권과 나아가서는 국가 실권을 장악했다. 전두환 세력이 정승화를 체포한 명분은 그가 김재규의 박정희 암살과 연루됐다는 것이었다. 최규하 과도정부는 전두환 세력의 협박과 회유에 따라 그러한 군사반란을 정당한 것으로 승인하고, 정승화의 후임 육군참모총장 겸 계엄사령관에 이희성을 임명했다.

전두환이 이끄는 군부 패권집단은 군부의 권력장악에 대한 대중의 반발을 희석시키기 위해 당장은 정권의 전면에 나서지 않고, 최규하를 피겨 헤드로 하는 허수아비 정권을 유지하면서 배후에서 실권을 행사하는 전술을 취했다. 최규하는 그러한 전두환 군부세력의 의도에 따라 12월 14일 청와대에서 대통령으로서의 임무를 개시했고 신현확에게 국무총리 임명장을 수여했다. 이날 오후 새로운 최규하정부의 내각명단이 발표됐다.

20개 부처 중 박동진 외무장관과 김원기 재무장관 2명만 유임시키고 나머지 18개 장관은 새 인물을 기용하거나 정부 내 인사를 승진·기용한 내각이었다. 그 내각에 참여한 인사들의 명단은 총리 신현확, 부총리 이한빈 아주공대 학장, 외무 박동진, 내무 김종환 합참의장, 재무 김원기, 법무 백상기 중앙선관위원, 국방 주영복 전 공군참모총장, 문교 김옥길 이화여대 총장, 농수산 이재설 체신부장관(전임), 상공 정재석 기획원차관, 동자 양윤세 수출입은행장, 건설 최종완 과기처장관(전임), 보사 진의종 전직 야당의원, 문공 이규현 총리비서실장, 총무 김용휴 국방차관, 과기 성좌경 원자력위원, 통일 이규호 연대 교육대학원장, 법제처장 김도창 전직 여당의원(제9대 유정회 의원), 원호 김재명 병무청장 등이었다.

최규하 과도정부 내각의 인적 구성상의 특징으로는 다음과 같은 것을 열거할 수 있다. 첫째, 유신정권에서 유신의 색깔이 심하지 않았던 관리들을 중심으로 구성됐다. 공화당과 유정회에서 활약이 컸던 정치인이나 유신정권에서 탄압적인 역할을 한 관리 및 유신정권의 선전분야에서 활동했던 관리는 배제됐다. 둘째,

주로 신현확의 사람들로 구성됐다. 각료로 임명된 인사 다수는 신현확과 지연, 학연 또는 과거의 부하 등 사적 연줄이 닿는 사람들이었다.35) 신현확은 유신정권 및 유신잔당의 주된 인맥인 경북·대구출신 인맥의 수장이었고, 12·12의 주역인 전두환·노태우도 경북·대구출신으로서 신현확의 동향 후배에 해당되기 때문에, 그리고 최규하가 소극적이고 리더십을 결여하고 있었기 때문에 자기 중심으로 각료 인선을 할 수 있었다. 또한 12·12로 실권을 장악한 전두환이 처음에는 신현확과의 마찰을 피하기 위해 내각구성에 대한 신현확의 의견에 강한 간섭을 하지 않아 신현확이 자기 중심적으로 각료를 인선할 수 있었던 것이다. 셋째, 전두환의 사람들이 상당수 투입됐다. 김종환, 주영복, 김용휴, 이규호 등을 전두환계 각료로 분류할 수 있다. 전두환은 신현확과 마찰을 피해 신현확의 조각권을 인정하되 중요하다고 생각되는 부서에는 자기 사람들을 입각시킨 것이다. 넷째, 내각에는 최규하의 사람들이 거의 기용되지 않았다. 최규하는 '최규하의 사람들'이라 할 만한 인맥을 거느리고 있지도 못했지만, 그나마 그와 가까운 사람들은 각료가 아닌 청와대 비서관으로 기용됐다.

최규하·신현확 팀은 12월 21일 최규하 대통령 취임식을 거행, 최규하정부를 공식 출범시켰다. 그러나 이러한 최규하정부의 출범은 군부가 실권을 장악하지 않은 것처럼 위장하고, 나아가 장차 대중의 저항을 최소화하면서 군부가 정권의 전면에 나설 수 있는 기반을 마련하기 위한 전두환 세력의 시간 벌기 작전의 한 절차에 불과했다.

---

35) 신현확은 훗날 자신이 최규하정부 내각의 인선을 주도했다는 사실을 인정했다(김용삼, 1999. 2: 210 참조).

3) 비　교

　허정의 경우나 최규하의 경우나 우연히 비상사태를 책임질 과도정부 수반이 된 점에서는 공통된다. 독재자가 장차 자기의 실각 후 과도정부 수반이 될 것을 염두에 두고 허정과 최규하를 헌법상 대통령권한대행을 맡을 수 있는 직책에 임명한 것이 아니며, 또 독재자가 실각하면서 그들을 과도정부 수반으로 지명한 것도 아니었다. 허정과 최규하는 자신들을 임명한 독재자가 돌연 사임하거나 사망했을 때 우연히 법률상 대통령 권한을 대행하는 직책에 있었기 때문에 과도정부 수반이 됐던 것이다.
　그러나 과도정부의 수반을 맡게 된 과정과 과도정부를 구성하는 방식에 있어서는 양자간에 현저한 차이가 있다. 첫째, 허정은 자기가 대통령권한대행을 맡도록 돼 있는 헌법규정에도 불구하고 대통령권한대행을 맡지 않으려 했다. 그러한 허정으로 하여금 대통령권한대행, 과도정부 수반을 맡도록 한 것은 여·야 정당의 합의에 입각한 국회의 요청이었다. 허정은 단지 기존 헌법의 규정에 따라 대통령권한대행이 된 것이 결코 아니다.
　반면에 최규하는 순전히 기존 헌법의 규정에 따라서만 대통령권한대행이 됐다. 최규하를 대통령권한대행으로 결정한 것은 정식 국무회의도 아니고 국무위원의 20%밖에 되지 않는 인원만 참가한 비상국무회의였다. 그를 대통령권한대행으로 만든 결정과정에 여·야 정당의 합의나 국회의 요청 같은 것은 전혀 없었고, 심지어는 여당의 참여도 없었다. 만일 박정희 사후 대통령권한대행 결정과 과도정부 수반 선정 등에 국회가 개입했더라면 최규하는 극히 짧은 기간 동안의 대통령권한대행으로 선정됐을 가능성은 있지만 과도정부의 수반으로까지 선정될 가능성은 희박했을 것이다.

둘째, 허정은 자유당정권 헌법의 정치관련 규정을 중요시하지 않았고, 여·야 정당의 합의와 국회의 결정을 존중했다. 자유당정권의 당시 헌법규정 제55조에 따르면 대통령과 부통령이 모두 궐위된 때는 궐위된 날로부터 3개월 이내에 대통령선거를 실시하도록 돼 있었다. 그러나 허정은 그러한 헌법규정에 따라 자신이 '정식 대통령'으로 선출되려는 노력을 하지 않았으며, 기존 헌법규정에 따른 대통령 선거를 실시할 생각도 하지 않았다. 그에 반해 최규하는 유신헌법의 규정36)에 따라 대통령 선거를 실시하고, 그 선거에서 자신이 '정식 대통령'에 선출됐다.

셋째, 허정은 과도정부의 내각을 구성함에 있어 대통령권한대행, 과도정부 수반이 돼 달라는 국회의 요청을 수락한 직후 곧바로 초당파적 성격의 과도정부를 구성했으며, 과도정부의 장관을 인선함에 있어서도 자기가 독단적으로 결정했다. 그 결과 허정의 과도정부는 처음부터 초당파적 과도내각의 성격이 분명했고 그 인적 구성도 '허정의 사람들'로 일원화됐다. 그에 반해 최규하는 대통령권한대행이 된 후에 초당파적 과도정부를 구성하지 않고 기존 각료들을 그대로 유임시켰다. 최규하는 12월 6일 유신헌법에 따라 정식 대통령으로 선출된 후에야 외형상 초당파적 성격을 가미한 새로운 내각을 구성했다. 최규하는 과도정부의 장관을 인선함에 있어서도 자기가 주도권을 행사하지 못한 채 처음에는

---

36) 유신헌법 제45조는 "대통령이 궐위된 때에는 통일주체국민회는 3개월 이내에 후임자를 선거한다"고 규정했다.

신현확의 주장에 따르고 12·12 후엔 신현확과 전두환의 주장에 따랐다. 따라서 최규하내각은 '최규하의 사람들'이 아닌 '신현확의 사람들'과 '전두환의 사람들'로 구성됐다.

넷째, 허정은 과도정부의 수반직을 맡고 또 과도정부를 조직함에 있어 미국대사관과 긴밀히 협의하고 미국의 지지를 확보했다. 미국의 지지를 확보하려는 허정의 노력은 '사대주의적'이라는 비판을 받을 만한 정도로 적극적인 것이었다. 그에 반해 최규하는 과정수반의 직책을 맡고 과도정부를 구성함에 있어 미국대사관과 의견교환도 하지 않았고 미국의 지지를 얻으려는 진지한 노력도 전개하지 않았다. 최규하 과도정부의 실권자였던 신현확도 그러한 노력을 전개하지 않았다.

과도정부의 조직절차 및 인적 구성에서 나타나는 허정 과도정부와 최규하 과도정부의 차이는 과도기간, 즉 정치적 전환기를 관리해 나가는 데 양자의 위상과 효율성의 차이로 연결됐다.

3. 과도정부의 정치적 기반과 위상

1) 허정 과도내각의 정치적 기반과 위상

허정의 과도정부는 독자적인 정치적 지지기반을 갖고 있지 못했다. 허정은 50년대 상당히 비중 있는 정치인 중 한 사람이었지만 독자적인 추종세력을 보유하고 있지는 못했다. 그는 원래 야당인 민주당의 전신인 한민당의 중요 간부였으나 이승만과 한민당이 대립하면서부터는 이승만을 추종했다. 또한 이승만을 추종했으나 자유당의 당원이 아니었고, 특히 자유당의 이기붕파와는 먼 거리에 있었다. 따라서 과도정부 구성 당시 그를 확고히 지지해 줄 정치적 기반은 없었다.

그처럼 독자적 지지기반을 결여했음에도 불구하고 허정의 과도정부가 차지하고 있던 위상은 결코 허약하지는 않았다.

무엇보다도 과도정부 수반인 허정의 경력과 인간관계 및 리더십이 과도정부의 위상을 허약하지 않도록 작용했다. 허정은 오랫동안 이승만을 정치적 스승 또는 지도자로 받들어 온 인물이다. 부산 출신인 허정은 일제시기 미국에서 독립운동을 전개할 때부터 이승만의 부하로 일했고 대한민국 건국 후에도 줄곧 이승만 행정부의 고위직책을 맡아 왔다. 1948년부터 52년까지 교통부장관, 사회부장관, 국무총리서리 등으로 기용됐다. 57년부터 59년까지는 서울특별시장으로 기용됐고, 59년 서울시장을 그만둔 직후 한일회담 수석대표로 임명됐다. 4·19를 당해 이승만이 전 각료의 사표를 받고 자유당을 탈당한 후 허정은 이승만의 요청에 따라 거국내각을 구성할 때 외무장관이 됐다.

허정은 이처럼 이승만 밑에서 고위직을 역임하면서도 야당인사들과도 나쁘지 않은 관계를 유지해 왔다. 그는 해방 직후에 창당된 한민당(4월혁명 당시 야당인 민주당의 전신)의 창당에 중요한 역할을 했고, 대한민국 정부수립 때까지 한민당의 지도적 간부의 한 사람으로 활동해 왔으며, 47년 제헌의회 선거에서 한민당 후보로 당선됐다. 이승만과 한민당의 관계가 대립적으로 된 후 허정은 줄곧 이승만 편에 서 왔지만 자유당 이기붕파와는 거리를 두고 있었고, 그의 성격이 온유하고 야당인 민주당을 주도하고 있는 지난날의 한민당 동지들과 인간적인 우호관계를 유지해 온 탓으로 민주당으로부터 크게 비판받지도 않았다.

허정은 독립운동 및 건국운동의 경력과 국무총리서리를 역임한 경력, 그리고 원만한 인품 등으로 인해 정계에서 권위를 인정받고 있었고, 비록 결단력, 창의력, 조직력 등이 부족해도 상당한 정치적 조정능력 내지 리더십을 보유하고 있었다.

  그러한 허정의 경력과 인품과 리더십은 허정 과도정부의 위상을 강화해 주는 데 기여했다. 허정은 또한 그러한 경력과 인간관계와 리더십을 배경으로 과도정부 내각을 독자적으로 조직했고, 과도정부는 허정을 중심으로 일원적으로 운영됐다. 이러한 점도 허정 과도정부의 위상을 강화하는 데 도움이 됐다.

  허정 과도정부의 위상을 허약하지 않게 만든 두번째 요인으로는 허정의 과도정부가 행정부의 일방적 결정에 의해서가 아니라 여·야 합의에 입각한 국회의 요청에 따라 구성·출범됐다는 사실을 들 수 있다. 혁명에 의해 이승만정권이 붕괴됐으므로 4월혁명 주도세력이 정권을 장악하는 것이 자연스럽다. 그러나 4월혁명 주도세력은 대학생과 조직화되지 못한 민중이었기 때문에 정권을 장악할 수가 없었으며, 4월혁명 주도세력과 이념을 같이하는 야당인 민주당도 당장 정권을 장악할 준비를 갖추고 있지 못했다. 다라서 야당은 이승만정권의 잔당과 잠정적인 권력공유에 합의할 수밖에 없었으며, 그에 따라 여·야 합의로 허정에게 과도정부 지휘의 책임을 맡도록 요청하게 된 것이다.

  허정의 과도정부가 여·야 합의에 입각한 국회의 요청에 따라 조직된 것이기 때문에 여·야 정당은 그것에 대해 기본적으로 긍정적인 태도를 가졌다. 허정의 독단적인 인선에 의해 과도정부 내각이 구성된 이후에도 허정의 내각구성에 대해 여·야 정당은 긍정적 태도를 유지했다.

  자유당 혁신파는 허정과 다수의 온건한 친이승만적 인사들로 구성된 과도내각이 자유당 정치인의 안전을 위해 도움이 될 것 (치안질서 유지와 시위군중에 의한 자유당 정치인 테러금지 등이 이루어질 것이므로)으로 생각했다. 민주당은 허정내각에 정치적 야심을 가지고 신속한 민주화와 민주당의 집권을 방해할 인물이 없다는 점을 긍정적으로 평가했다. 허정내각은 언론계로부터도 긍정적 평가를 받았다. 당시 가장 영향력 있는 신문이었던 <동아일보>는 허정 과도내각에 대해 "인선이 대체로 무난한 것이어서 능히 국민의 신뢰를 얻어 난국을 수습할 수 있으리라 본다"고 논평했다(동아일보, 1960. 4. 30: 석간 사설). 허정과 그의 내각에 대한 이와 같은 여·야 정당 및 언론계의 긍정적 평가는 허정 과도정부의 위상을 강화하는 데 도움이 됐다.

허정 과도정부의 위상을 허약하지 않게 만든 세번째 요인으로는 허정 과도정부가 정당과 대중으로부터 지지를 받을 수 있는 노선을 취했다는 사실을 들 수 있다. 허정 과도정부는 28일 출범과 함께 발표한 성명에서 ① 4·19사태를 통해 표현된 국민의 불만과 요구에 응답하여 국가행정의 불법 부정부패를 일소할 것, ② 내각책임제 개헌을 지지하며 그와 관련된 국회의 결정을 따를 것, ③ 3·15부정선거의 책임을 밝히고 책임자를 처벌할 것, ④ 경찰의 중립화를 실현할 것, ⑤ 과정의 활동기간을 3개월 이내로 할 것37)등을 천명했다. 이러한 성명내용은 당시의 민심을 잘 반영한 것인 동시에 정당의 입장을 존중한 것이어서 사회 모든 분야로부터 전폭적인 지지를 받았다. 정치세력 및 대중의 지지를

---

37) 그 무렵 민주당과 자유당 혁신파 간부들은 이미 5월 10일 이전 내각책임제 개헌안 기초 완료, 6월 하순 이전 개헌안 통과, 7월 말 이전 총선실시 등의 정치일정에 합의해 놓고 있었다. 그러한 정당간 합의는 4월 29일 구성된 국회 개헌안기초위원회에서 공개됐다.

받을 수 있는 노선을 신속하게 천명한다는 것은 과도정부의 위상강화에 매우 중요하게 작용하는 것이다.

허정내각은 자신들의 성격을 과도내각으로 명백히 규정했으며, 허정은 기회 있을 때마다 국회에서 정당들이 합의한 민주화일정을 전폭적으로 존중한다는 점과 과도정부는 과도정부 구성 전에 국회가 여·야 합의로 마련해 놓은 민주화일정의 집행을 관리만 할 것이라는 점을 반복해서 확인했다. 허정은 또 자기가 민주화일정에 영향을 미치는 일을 하지 않겠다는 입장을 취한 데다가 과정수반의 자리에 대해서도 별다른 집착을 하지 않는 태도를 보임으로써[38] 정치세력들로부터 반발을 사지 않았다.

허정 과도정부의 위상을 허약하지 않게 만든 네번째 요인으로는 허정의 과도내각이 학생과 시민들의 저항에 부딪치지 않았다는 사실을 들 수 있다. 4월혁명의 선봉에 섰던 대학생들은 이승만의 사임성명이 발표된 4월 26일부터 '혁명의 선봉'에서 '질서회복의 선봉'으로 전환했다. 학생들은 계엄군과 협조해 시민들에게 질서유지를 호소했다.[39] 심지어 27일부터는 대학생들이 "수습의 길은 대학생에 있다"는 플래카드를 들고 시가를 행진하며 일부 대학생은 빗자루를 들고 시위로 더럽혀진 거리를 청소하기까

---

38) 허정은 언제든지 과정 수반직을 사임할 용의가 있음을 자주 천명했다.
39) 서울의 대학생들은 '학생수습대'라는 단체를 긴급 결성하고, "우리 백만학도는 부정과 불의와 반민주를 타도하는 데 맨 주먹으로 선봉에 나서서 피로서 승리를 쟁취했다. 그러나 이 혼란한 틈을 타서 공산오열이 발호 아니한다 볼 수 없으며 치안이 극도로 문란됐음에 감하여 이를 수습함이 오로지 우리 대학생이 수행해야 할 급선무이오니 열혈 동지는 총궐기하여 치안확보에 협조함으로써 사회질서 유지에 이바지하고자 한다"는 성명을 발표했다(정국로, 1995: 529-530).

지 했다. 이러한 학생들의 태도는 질서회복과 안정된 민주화를 추구하는 허정 과도정부의 노선과 같은 방향의 것이었으며, 따라서 과도정부로 하여금 약하지 않은 위상확보와 효율적 업무수행을 가능하게 만들었다.

허정 과도정부의 위상강화에 기여한 다섯번째 요인으로는 허정 과도정부가 정치세력, 학생, 시민들으로부터 '자유당정권의 잔당'으로 간주되지 않았다는 사실을 들 수 있다. 내각의 구성인물들이 친이승만적 성격을 가졌음에도 불구하고 허정내각은 자유당정권과는 완전히 별개의 기관으로 간주됐다. 이런 점도 허정 과도내각의 위상을 높여주는 데 기여했다.

끝으로 허정이 미국으로부터 적극적인 지원을 받았다는 사실이 허정 과도정부의 위상강화에 기여했다. 허정은 이승만정권에서 한일회담 수석대표로 활동할 때 한일회담에 부드러운 입장을 취하면서 회담을 타결하려고 노력한 것 때문에 미국정부로부터 좋은 평가를 받았다.[40]

허정에 대한 미국의 평판이 긍정적인 데다가 허정이 미국의 지원을 적극적으로 추구하고 나섰기 때문에 미국은 허정의 과도정부를 적극 지원했다. 미국은 또한 그들이 싫어하는 이승만정부를 혼란을 수반하지 않으면서 정리하도록 하기 위해 허정 과도정부를 적극 지원했다. 미국 국무성 관리들은 대한민국 건국 준비단계부터 이승만에 대해 부정적 태도를 취해 왔다. 미국은 이승만이 대한민국 행정수반이 되지 않도록 노력했고, 이승만이 대통령이 된 후에도 미국은 이승만을 다른 인물로 교체하려는 노

---

[40] 당시 미국은 한일회담을 조속히 타결해 동북아에서 미국의 부담을 축소하려 했기 때문에 허정의 그러한 노력은 미국정의 호의적인 반응을 얻었다(*FRUS, 1958-1960*, vol. XVIII: 651에 수록된 editorial note 참조).

력을 전개했다. 심지어는 군부쿠데타를 일으켜 이승만을 실각시키려고 음모한 적도 있었다.41) 그렇게 혐오해 오던 이승만정권을 혼란 없이 청산하는 역할을 허정 과도내각이 잘 수행하도록 하려면 허정의 과도내각을 적극 지원해야 한다는 것을 미국은 잘 인식하고 있었다. 아이젠하워 미 대통령의 방한은 허정 과도내각에 대한 미국의 전폭적 지지를 단적으로 입증해 주는 것이었다.

이상과 같은 요인들로 인해 허정 과도정부는 허약하지 않은 위상을 확보했으며, 특히 비정치적 분야에서는 정부로서의 권위를 확보하고 행사할 수 있었다. 그러한 위상으로 인해 허정은 자신의 정치적 은사인 이승만을 미국으로 망명시켜 국내에서 수모를 당하지 않게 했고, 동시에 민주화와 민주당의 정권장악이 원만히 이루어지도록 행정적으로 지원하는 일을 차질 없이 수행할 수 있었다.

2) 최규하 과도정부의 정치적 기반과 위상

최규하 과도정부도 독자적인 정치적 지지기반은 보유하고 있지 못했다. 최규하와 신현확 모두 행정관료 출신이었기 때문이다. 게다가 최규하의 경우는 박정희에 의해 국무총리로 발탁될 때부터 단순한 '의전적 관리자' 용도로 발탁됐고, 그 자신 역시 그러한 용도에 맞게 처신해 왔기 때문에 행정부 내에서조차 리

---

41) 1952년과 53년 미국정부의 관리들은 이승만을 제거하기 위해 '클라크 비상계획' 및 '에버레디계획'을 수립했다가 실천하지 않았으며, 54년에도 이승만 제거계획을 수립했다가 실행에 옮기지 않았다(이완범, 1998: 141-142 참조).

더십을 인정받지 못했다. 신현확의 경우에는 행정부 내에서는 리더십도 인정받고 상당한 추종자도 거느리고 있었으나 행정부 밖에서는 정치적 지지기반이 없었다. 그러나 최규하 과도정부의 배후에는 그들을 지원해 주는 유신정권의 거대한 국가기구와 유신 정치세력의 지원이 존재했다. 유신체제의 국가기구들은 박정희 사망 후에도 건재했고, 유신 정치세력인 공화당과 유정회는 박정희 사망 후에도 조직이 와해되지 않은 채 국회를 지배하고 있었다. 유신체제의 국가기구와 유신 정치세력은 박정희 사후 유신체제가 급속히 와해될 경우 그들의 기득이익이 손상될 것이기 때문에 그것을 피하기 위해 최규하 과도정부를 지원했다.

이러한 지원을 고려하면 최규하 과도정부의 위상은 상당히 강했어야 할 것이나 실제로는 매우 허약했다. 최규하 과도정부의 위상을 허약하게 만든 첫번째 요인은 최규하의 리더십 결여였다.

엉겁결에 대통령권한대행이 돼 박정희 사후의 사태수습을 위해 능란한 정치적 수완을 발휘해야 할 처지에 놓인 최규하는 실은 그가 정치적 수완이 없다는 점 때문에 박정희에 의해 국무총리로 발탁된 인물이었다. 강원도 원주 출신인 최규하는 일제 말기 일본의 괴뢰국가인 만주국에서 관리로 일했고, 해방 직후 미군정청 식량행정 관리로 기용됐으며, 정부수립과 함께 농림부 양정과장이 됐다. 1951년 외무부 통상국장이 되면서 외교관의 길로 들어섰고 자유당정권 말기인 59년 외무부차관까지 승진했다. 4월혁명으로 인해 관계를 떠났다가 5·16쿠데타 이후 최고회의 의장 고문으로 기용됐으며, 64년부터 외교관 생활을 재개했다. 67년부터 외무장관, 대통령 외교담당 특별보좌관 등을 역임하다가 75년에 국무총리로 발탁됐다. 그의 특기는 상급자에 대한 묵종이며, 박정희가 그를 국무총리로 발탁한 주된 이유도 최규하의 묵종의 태도와 정치적 무능력 때문이라는 게 당시의 평이었다. 최규하는 주로 외교분야에만 종사해 온 데다 성격도 극히 소극적인 탓으로 정치분야나 국정의 총괄적 관리 등엔 거의 문외한이나 다름이 없는 인물이었다.

최규하가 리더십을 결여하고 있었기 때문에 과도정부는 초기에는 신현확에 의해 주도됐다. 신현확이 과도내각의 구성과 운영을 주도하게 된 것은 그의 강한 자신감 및 리더십과 유신정권의 경북지역 편중적 엘리트 구성 때문이었다. 박정희의 고향과 가까운 거리에 있는 경북 칠곡 출신인 신현확은 일제 말기 고등문관시험에 합격해 일본정부의 관리로 활동했다. 51년 상공부 공업과장으로 대한민국의 관리생활을 시작해 자유당정권 말기인 59년 부흥부장관까지 승진했다. 4월혁명 이후 투옥됐다가 5·16쿠데타 후에 석방돼 박정권의 경제과학심의위원회의 위원으로 기용됐다. 68년부터 73년까지 쌍용그룹의 사장 및 회장을 역임했으며, 유신 이후인 73년 공화당 소속으로 국회의원이 됐다. 75년 보사부장관으로 기용됐고, 78년 부총리 겸 경제기획원장관이 됐다.

신현확은 자존심과 리더십이 강하고, 국정 전반에 관해 상당한 식견을 가지고 있었으며, 박정권 말기 그 정권의 권력엘리트 실세인 경북 출신 행정관리들의 수장의 이미지를 가지고 있었다. 이러한 이유로 신현확은 박정희 사망 직후부터 정부 내 각종 회의에서 회의를 총괄하고 의견을 제시하고 종해 결론을 내리는 역할을 했다(김용삼, 1999. 2: 203). 그 결과 최규하 과도정부는 초기엔 외형상의 지도자인 최규하와 실질적 주도자인 신현확 2인에 의해 2원적으로 운영됐고, 12·12 이후에는 전두환이 또 하나의 핵심인사로 등장해 3원적으로 조직·운영됐다. 최규하 과도정부의 다원적 구성과 운영은 과도정부의 권위, 신뢰도, 효율성 등을 저하시켰다.

최규하 과도정부의 위상을 약하게 만든 두번째 요인은 그것이 여·야 정치세력으로부터 인정을 받지 못했다는 사실이다. 최규하는 여당 내의 실권자 그룹에 포함되지 못하는 인물인 데다가 행정부 내의 소수인원에 의해 대통령권한대행 및 과도정부 수반으로 결정됐다. 그러한 결정에는 국회는 물론이고 여당도 참여하지 못했다. 따라서 최규하정부는 야당으로부터 인정을 받지 못한 것은 말할 것도 없고 여당으로부터도 인정을 받지 못했다. 여당인 공화당은 11월 12일 사망한 박정희의 후임 공화당 총재로 김종필을 선출했으며, 김종필은 자신이 유신헌법에 따른 대통령(즉 통일주체국민회의에 의해 대통령)으로 선출되려고 했다.42)

최규하정부는 정치권으로부터 인정을 받지 못한 것은 물론이고 일반민중으로부터도 백안시됐다. 민중은 최규하정부를 민주화를 최대한 지체시키고 소폭적으로 추진하려는 '유신잔당'으로만 간주했다. 최규하정부는 단지 군부와 유신정권 관료기구의 지지에 의지하고 있었으며, 당시의 군부와 관료기구는 국민탄압의 도구일 뿐이었고 민중과는 거리가 먼 집단이었다.

최규하 과도정부의 위상을 약하게 만든 세번째 요인은 그것이 취한 노선이 민주화운동 세력, 야당, 민중의 요구와 정면으로 배치됐다는 사실이다. 최규하정부는 과도정부라는 명칭조차도 명확하게 사용하지 않았으며, 최규하를 유신헌법에 따라 '정식 대통령'으로 선출해 최규하 '정식 정부'로서 상당기간 존속시킬 듯한 의도를 비치기도 했다. 그들은 또 정치민주화 일정의 결정을

---

42) 그러한 김종필의 기도는 신현확과 정승화의 반대로 좌절됐다(김용삼, 1999. 2: 207 참조).

국회에 맡기지 않고 스스로 정했고, 심지어는 개헌까지도 주도하려고 했다.

이러한 최규하정부의 노선은 민주화운동 세력과 민중에겐 박정희 없는 유신체제를 유지하려는 기도로 간주됐다. 따라서 유신정권에 저항해 온 민주화운동 세력과 대학생들은 최규하정부를 전면 부정했으며, 그에 반대하는 투쟁을 적극적으로 전개했다.

박정희 독재에 항거해 싸워 온 민주화운동 세력은 계엄령을 무시하고 11월 중순부터 박정희 없는 유신정권의 지속에 반대하는 운동을 전개했다. 해직교수협의회, 민주청년협의회 등 5개 단체는 11월 13일 민주화를 요구하는 성명을 발표했다. 민주화운동 세력은 11월 24일 밤, 서울 명동의 YWCA강당에서 결혼식을 위장한 집회를 개최하고 최규하·신현확 중심의 박정희 없는 유신체제의 퇴진과 통일주체국민회의에 의한 최규하의 대통령 선출 기도 중지를 촉구했다. 그들은 또 ① 거국민주내각을 구성하여 민주헌법을 조속히 제정할 것, ② 통일주체국민회의, 유신정우회, 민주공화당 등의 해산과 김종필·최규하를 비롯한 유신체제 상층부 인사들은 국민 앞에 사죄하고 심판받을 것, ③ 유신체제 유지에 주된 역할을 맡았던 부패 특권분자에 대한 엄중처단과 유신체제 협력자들의 처단, ④ 새로 구성된 거국민주내각은 국민의 기본권과 노동자·농민의 생존권을 보장할 것, ⑤ 군의 정치적 중립, ⑥ 한국의 민주화에 대한 외세개입 반대 등을 주장했다.

민주화운동 세력만이 아니라 제도권 야당도 유신헌법에 의해 새 대통령을 선출하는 등의 조치로 시간을 끌지 말고 민주화를 신속하게 추진할 것을 촉구했고, 일반대중도 박정희가 사라진 마당에 유신헌법이 유지되고 그 헌법에 의해 대통령을 선출하고 그렇게 구성된 정부가 향후 민주화를 추진한다는 것을 우습게 생각했다.

최규하 과도정부의 위상을 약화시킨 네번째 요인은 유신잔당 내부의 헤게모니 쟁탈전이다. 박정희 사후 집권세력은 4개로 분열돼 있었다. 최규하·신현확을 중심으로 한 행정관료 조직, 정승화를 지휘자로 한 군부 내 공식조직, 전두환이 중심이 된 군부 내 비밀조직, 공화당과 유정회라는 정치인집단 등이 그것이다. 그들은 유신체제를 최대한 연장시키고 유신체제하의 기득권을 유지하기 위해 민주개혁을 최대한 지체시키는 데는 의견의 일치를 보고 있었으나, 누가 국정을 주도할 것이냐를 둘러싸고는 치열한 헤게모니 경쟁을 전개했다. 특히 민주공화당과 유정회가 건재해 여당 구실을 했으나, 그들 여당은 최규하·신현확 과도정부와 적극적인 협력관계에 있지 않았다.

최규하 과도정부의 위상을 약화시킨 다섯번째 요인으로는 미국의 확실한 정치적 지지의 결여를 들 수 있다. 박정희 사망 직후 미국은 한국상황의 안정을 위해 필요한 여러 가지 군사적 조치를 신속하게 취했다.43)

---

43) 당시 미국이 취한 군사적 조치는 다음과 같다. 10월 27일 카터 대통령이 긴급 소집한 국가안전보장회의의 결정에 따라 주한미군에는 3호 방어태세(DEFCON Ⅲ)가 발령됐고, 미 국무성은 한국정세에 개입할 우려가 있는 외부세력(북한과 그 배후의 소련과 중국)에 대해 미국정부는 한미상호방위조약에 입각한 의무에 따라 강력히 대처하겠다는 경고성 성명을 발표했다. 미 국방장관 브라운은 10월 28일 주한미군 철수동결 방침을 재천명하고, 미국의 대한 방위공약 준수를 재확인했다. 미국은 그러한 성명과 아울러 한반도에서의 비상사태 발생에 대비해 AWACS(공중경보통제기) 2대를 한국에 급파하고, 항공모함을 포함한 해군 기동타격대를 한반도 근접해역으로 배치했다. 10월 30일에는 미 7함대의 기함 브리지호가 부산에 입항했고, 11월 2일에는 7함대 소속 항공모

그러나 미국은 군사적 지원조치와는 달리 최규하정부에 대한 정치적 지원은 적극적으로 제공하지 않았다. 미국은 최규하정부를 지지한다는 성명을 발표했지만 이는 의례적인 립서비스에 불과했다. 최규하정부가 미국이 싫어한 유신정권을 청산·정리하려는 태도를 분명히 보이지 않았고 민중의 지지를 받지 못한 것으로 판단됐기 때문이었다. 오히려 미국은 한국 내정에 대한 불간섭 입장을 거듭해서 천명했고, 박정희 장례식 참석차 한국을 방문한 미 국무장관 밴스는 최규하에게 정치범 석방, 대통령직선제로의 헌법개정, 진정한 대의민주주의로 나아갈 것 등을 강력히 권고했다.44) 미국대사관은 또 기회 있을 때마다 최규하에게 군부가 전면에 나서기 전에 조속히 변화조치를 강구하라고 촉구했다 (월간조선, 1994. 2: 182).

이상과 같은 요인들로 인해 최규하 과도정부는 위상이 허약했고 초기엔 신현확의 주도로 유신 기득권 세력을 보호하려는 노력만 했다. 그나마 12·12 이후에는 실질적 군부통치의 위장의상 역할을 하면서 전두환의 완전한 권력장악을 위한 시간벌기 작전에 이용됐다.

함 키티호크호와 유도미사일 순양함 2척이 부산항에 입항했고 프리키트함 등 3척의 전투함이 진해와 인천에 입항했다.
44) 한미간 동맹관계 및 당시 한국의 불안정한 정치상황을 고려할 때 한국의 내정에 개입하지 않겠다는 미국의 발언은 미국이 최규하정부를 정치적으로 적극 지원하지 않을 것이라는 말과 같은 뜻으로 해석할 수 있다. 또 밴스가 최규하에게 한 권고는 최규하정부에 대한 과제부과로 해석할 수 있다.

3) 비 교

　허정 과도정부와 최규하 과도정부는 모두 공식적으로는 헌법의 규정에 따라 구성됐고, 둘 다 독자적인 정치적 기반을 확보하지 못하고 있었다. 그럼에도 불구하고 허정 과도정부는 최규하 과도정부에 비해 위상이 높았고, 그 결과 전자는 과도정부로서의 역할을 보다 잘 수행할 수 있었고 후자는 과도정부 역할수행에 실패했다.

　허정 과도정부와 최규하의 과도정부가 각 시기에서 차지하는 위상에 차이가 나게 된 원인을 정리해 보면 다음과 같다.

　첫째 원인은 경력, 인간관계, 리더십 등에 있어 허정과 최규하 간의 차이다. 허정은 독립운동과 건국운동을 전개한 경력, 이승만정권에서 고위직을 두루 역임한 경력 등 1960년 당시의 정치인 및 대중으로부터 존경받을 만한 경력을 보유하고 있었으며, 이승만을 추종하면서도 국민의 지탄대상인 자유당 이기붕파와는 거리를 두면서 야당지도자들과의 교분을 유지하는 등 폭넓은 인간관계를 형성해 왔다. 허정은 또 독립운동과 건국운동 및 건국 후의 정치활동 등을 통해 축적된 상당한 수준의 리더십 및 정치적 조정능력을 갖추고 있었다. 이승만이 그를 대통령권한대행을 맡을 수 있는 수석 국무위원(외무장관)에 임명한 것도 허정의 정치적 능력과 인간적 신뢰성을 긍정적으로 평가했기 때문이었다.

　최규하의 경력에는 정치인이나 대중으로부터 존경받을 만한 사항이 거의 없었다. 일제하에 식민지 관리를 한 점이나 자유당 정권에서 외무차관을 한 것, 그리고 박정희 군사정권에서 재등용

된 것 등은 1979년 당시의 정치인들과 대중으로부터 경멸의 대상이 될 망정 존경의 대상의 될 수는 없는 것들이었다. 최규하는 정치인들과 인간관계를 형성하지 않아 심지어는 여당 정치인들과도 교분이 별로 없었고, 정치적 리더십은 고사하고 행정관료들 사이에서도 리더십을 인정받지 못했다.

　둘째 원인은 대통령권한대행, 과도정부 수반으로 결정되는 과정이나 과도정부 내각 구성과정에 있어서의 차이다. 허정이나 최규하나 다 같이 공식적으로는 기존 헌법의 규정에 의거해 대통령권한대행으로 결정됐다. 그러나 각 시기에 기존 헌법의 규정은 중요한 의미를 갖지 못했다. 기존 헌법은 독재헌법이며 독재정권이 민중의 저항대상이었으므로 정당성을 인정받을 수 없는 것이었다. 따라서 기존 헌법의 규정에 의해 대통령권한대행, 과도정부 수반으로 결정된 것만으로는 정당성을 인정받을 수 없었다. 정당성을 인정받으려면 헌법규정 이외의 요소에 의한 보완이 필요했다. 허정의 대통령권한대행, 과도정부 수반 결정은 여·야 합의에 입각한 국회의 요구라는 요소에 의해 정당성이 보완됐다. 반면에 최규하의 대통령권한대행 결정은 그런 보완이 없었다. 게다가 최규하의 대통령권한대행 결정은 정식 국무회의도 아닌 극소수의 국무위원만 참가한 비상국무회의에서 결정됐다.

　과도정부 내각을 구성함에 있어 허정은 대통령권한대행이 된 직후 즉각 독자적으로 구정권의 각료는 단 한 사람도 포함되지 않고 초당적 인사로 구성된 새로운 내각을 구성했다. 최규하는 대통령권한대행으로 결정된 후에도 구정권의 내각을 약 50일간 그대로 유지했으며, 자신이 정식 대통령으로 선출된 후에야 내각 구성을 바꾸었고, 그것도 자신이 인선하지 않고 신현확과 전두환에 의해 인선됐으며, 그 내각 구성원들의 압도적 다수는 친여 및 친군부적 성향의 인사들이었다.

셋째 원인은 과도정부가 취한 노선에 있어서의 차이다. 허정 과도정부는 구정권과 완전히 절연된 노선, 정치세력과 민중의 요구를 전폭적으로 수용하는 노선을 취했다. 허정 과도정부는 기존 헌법의 규정을 무시하고 국회의 여·야 합의에 의해 국회가 결정한 민주화일정을 그대로 따랐으며, 민주화일정을 신속히 집행한다는 입장을 취했다. 이에 반해 최규하 과도정부는 구정권과 절연하기보다는 구정권을 지속하려는 노선을 취하고, 정치세력과 민중의 요구를 수용하지 않았다. 최규하 과도정부는 구정권의 인적·제도적 유산을 그대로 계승했고, 민주화일정 결정을 국회에 요구하지 않고 애매모호한 태도로 스스로 일정을 결정했으며, 민주화운동 세력과 제도권 야당 및 민중의 요구를 무시하고 기존 헌법의 규정에 따라 최규하를 정식 대통령으로 선출하는 등 민주화추진을 지체시키려는 노력을 노골적으로 전개했다. 그 결과 허정 과도정부는 정계, 언론계, 학생, 민중으로부터 긍정적 평가 내지 지지를 받은 데 반해, 최규하 과도정부는 정계와 민중으로부터 반발을 샀다(당시 언론계는 계엄령 통제하에 있어 자신의 입장을 제대로 표명할 수 없었다).

넷째 원인은 미국의 지지강도의 차이다. 허정은 그 자신이 미국의 지원을 사대주의적이라고 평가할 수 있을 정도로 적극적으로 요청하기도 했지만, 미국도 허정을 긍정적으로 평가했고, 허정 과도정부가 미국이 혐오하던 구정권을 청산하는 입장을 분명히 했으며 민중의 지지를 받고 있었기 때문에 허정 과도정부를 아무런 유보 없이 적극 지원했다. 이에 반해 최규하 과도정부는 미국이 혐오하던 구정권을 청산하려는 의지가 분명하지 않고 민중의 지지도 받지 못했기 때문에 미국으로부터 적극적인 정치적 지원을 받을 수 없었다. 1960년과 1979~80년의 한국은 미국의 강한 영향력하에 있었기 때문에(물론 79~80년 시점에서 미국의 영향력은 60년 시점의 영향력보다는 약했다) 허정 과도정부와 최규하 과도정부에 대한 미국의 지지강도의 차이는 두 과도정부의 위상에 중요한 영향을 미쳤다.

4. 결 론

 허정 과도정부와 최규하 과도정부는 수립의 배경과 과정, 인적 구성, 정치적 위상 등에서 다음과 같은 공통점과 차이점을 나타내고 있다.
 두 과도정부는 다음과 같은 3가지 점에서 공통된다.
 첫째, 두 과도정부 모두 독재정권에 대한 민중의 저항이 고조되고 있는 가운데 독재자들의 갑작스런 퇴각(사임이나 피살)으로 인해 등장하게 됐다는 점에서 공통된다. 이승만은 그의 정권에 대한 민중의 저항이 전국적으로 폭발해 정권유지가 불가능한 상황에서 사임했고, 박정희는 그의 정권에 대한 민중의 저항이 심각하게 고조된 상황에서 그의 부하에 의해 암살됐다. 허정과 최규하 과도정부는 이처럼 독재자가 갑자기 퇴각함으로써 발생한 권력의 공백을 임시적으로 메우기 위해 조직된 것이다.
 둘째, 두 과도정부는 모두 퇴각한 독재자의 부하였던 인사들에 의해 조직됐다. 허정은 이승만정권의 불완전하게 조직된 마지막 내각의 수석 국무위원(외무장관)으로 임명됐다가 이정권의 헌법 제55조에 의거해 대통령권한대행을 맡게 됐다. 최규하는 박정희 밑에서 국무총리로 있다가 박정희 피살 후 유신헌법 제48조에 의거해 대통령권한대행이 됐다. 허정 과도정부의 사람들은 사퇴한 독재자의 덜 충성스런 부하들인 데 반해 최규하 과도정부의 사람들은 사망한 독재자의 충성스런 부하들이었다는 점, 다시 말해 사라진 독재자에 대한 충성의 정도에 차이가 있었지만 두 과도정부 모두 독재자의 부하들에 의해 조직됐다는 점에는 이론의 여지가 없다.

셋째, 두 과도정부는 모두 아무런 사전준비 없이 갑자기 출범하게 됐다. 허정은 이승만의 요청과 지시에 따라 거국내각을 조직해 사태를 수습한 다음 이승만의 임기만료(60년 8월 14일)와 함께 퇴진할 생각으로 수석 국무위원으로 임명됐으며, 이승만 사임 후의 사태를 수습하는 것을 책임지는 과도정부를 이끄는 문제는 전혀 상상도 하지 못했다. 최규하도 박정희 밑에서 국무총리로 일하면서 박정희 사후의 일 같은 것은 상상도 하지 못했다.

허정 과도정부와 최규하 과도정부는 위에 기술한 3가지 공통점보다 훨씬 많은 차이점을 나타내고 있다. 그 차이점은 다음과 같다.

첫째, 허정 과도정부는 독재정권이 완전 붕괴된 상태에서 조직된 데 반해 최규하 과도정부는 독재자만 사라지고 독재정권의 인적·제도적 기반은 와해되지 않은 상태에서 조직됐다. 이승만정권은 이승만의 대통령직 사임과 동시에 완전 붕괴됐지만 박정희정권은 박정희의 피살과 함께 붕괴되지 않았다. 이승만은 민중의 요구에 양보해 자기의 부하들을 사퇴시키고 최후로 자신이 사퇴함으로써 그의 사임이 곧 정권의 완전붕괴를 초래했다. 이에 반해 박정희는 민중의 요구에 전혀 양보하지 않고[45] 자기의 부

---

45) 박정희의 민중에 대한 불양보는 민중의 압력이 아직 위협적이지 않았

하들을 현직에 남겨둔 채 자신만 피살됐기 때문에 그의 정권은 그의 사망과 함께 붕괴되지 않았던 것이다.

　둘째, 허정이 대통령권한대행으로 결정돼 과도정부를 조직하게 된 데는 여·야 정당의 합의에 입각한 국회의 요청이 헌법규정보다 강하게 작용한 데 반해, 최규하가 대통령권한대행으로 결정된 데는 행정부 외부로부터 아무런 요청이나 지원 없이 오로지 헌법규정만이 작용했다. 허정은 헌법규정과 상관없이 이승만과 함께 사퇴하려다가 여·야 합의에 입각한 국회 간부들의 요청에 응해 대통령권한대행을 맡았다. 이에 반해 최규하는 박정희가 피살된 날 밤 국방부에서 개최된 극소수 국무위원만이 참석한 자칭 비상국무회의에서 헌법규정에 의거해 대통령권한대행으로 결정됐다. 허정 과도정부는 독재자의 부하들과 독재자에 반대해 온 세력간의 타협에 의해 성립된 것인 데 반해, 최규하 과도정부는 암살당한 독재자의 충성스런 소수의 부하들이 반대세력의 동의를 구하지 않은 것은 물론이고 여당 내의 합의도 구하지 않고 일방적으로 구성한 것이다.

　셋째, 허정 과도정부는 허정이 대통령권한대행으로 결정된 직후 허정에 의해 독단적으로 구성됐고, 따라서 과도정부 내각의 구성원들도 대체로 '허정의 사람들'이었다. 이에 반해 최규하 과도정부는 그가 대통령권한대행으로 결정된 직후에 조직되지도 않았고 그의 주도로 조직되지도 않았다. 최규하가 대통령권한대행이 된 후에도 최규하 과도정부는 사망한 박정희가 임명해 놓은 사람들로 그대로 유지됐다. 최규하 과도정부 내각의 새로운

　　던 데도 원인이 있었고, 박정희의 개성 및 박정희정권의 성격에도 원인이 있었다.

구성은 그가 대통령권한대행이 된 날로부터 40일 이상 지난 후에야 이루어졌고, 그것도 신현확의 주도와 전두환의 간섭에 의해 이루어졌다. 그 결과 최규하 과도정부의 내각은 '최규하의 사람들'이 아닌 '신현확의 사람들'과 '전두환의 사람들'로 구성됐다.

넷째, 허정 과도정부는 허정의 지휘하에 활동한 데 반해 최규하 과도정부는 최규하의 지휘하에 활동하지 않았다. 최규하는 대통령권한대행 또는 대통령으로 존재할 뿐이었고, 과도정부의 운영과 활동을 실질적으로 지휘한 것은 신현확과 전두환이었다. 12·12 전까지는 신현확이 지휘했고, 12·12 이후에는 신현확과 전두환이 공동 지휘했으며, 5·17 이후에는 전두환이 지휘했다. 최규하는 1979년 10월 26일 대통령권한대행이 된 때부터 80년 8월 16일 대통령직을 사임할 때까지 자기를 수반으로 하는 과도정부를 실질적으로 지휘해 본 적이 없다.

다섯째, 허정 과도정부 내각은 초당파적 인사로 구성된 데 반해 최규하 과도정부 내각은 유신정권의 행정실무자들과 장차 전두환의 집권을 지원할 인사들로 구성됐다. 허정내각 구성원 가운데 정당의 당원이거나 당파적 정치활동에 깊이 관여했거나 이승만정권 말기에 고위관리로 일한 인사는 단 한 명도 없었다. 그 중 다수가 친이승만적 성향을 가진 인사들이었으나 그들은 이승만에 대해 맹종적이지는 않았다. 최규하 과도정부 내각 구성원의 성향은 허정내각의 경우와 크게 달랐다. 1979년 10월 26일부터 12월 12일까지는 박정희가 사망하기 전에 임명한 각료들이 그대로 과도정부의 각료로 활동했으며 그들은 모두 박정희에 맹종적인 인사들이었다. 79년 12월 4일 발표된 최규하 과도정부 제2차 내각의 구성원들도 이한빈, 김옥길, 진의종, 이규호 등 4인을 제외하면 모두가 박정희 사망 전의 유신정권에서 장·차관 및 그와 비슷한 고위직을 지낸 인사들이었다. 그들은 모두 유신정권의 선전이나 대야 공격의 선두에 서지는 않았지만 기본적으로는 '유신정권의 사람들'이었다.

여섯째, 허정 과도정부는 민중의 원성을 산 구정권과 완전히 절연된 노선, 정치세력과 민중의 요구를 전폭적으로 수용한 노선을 취한 데 반해, 최규하 과도정부는 민중의 원성을 산 구정권과 절연하기보다는 오히려 구정권을 지속하고 구정권 잔존세력의 기득권을 보호하려는 노선을 취하고, 민주화운동 세력과 제도권 야당 및 민중의 요구를 수용하지 않고 그 반대로 활동했다.

일곱째, 허정 과도정부는 배후에 큰 지원세력이 없었음에도 불구하고 상당히 높은 위상을 차지한 데 반해, 최규하 과도정부는 매우 거대한 유신정권 잔존세력의 배후지원을 받고 있었음에도 불구하고 위상이 매우 낮았다. 허정 과도정부가 높은 위상을 가질 수 있도록 작용한 요인으로는 허정의 정치적 역량, 국회의 요청에 따른 과도정부 구성, 내각 구성의 초당파성, 허정 중심의 일원적 내각 운영, 정치세력과 민중의 요구에 부응한 노선, 미국의 전폭적 지지 등을 들 수 있다. 최규하 과도정부는 위에 열거한 것과는 정반대되는 요소들을 내포하고 있었다. 최규하는 정치적 역량이 빈약했고, 과도정부 구성에 대한 여·야 합의에 입각한 국회의 지지가 없었으며, 내각의 구성이 초당파적이지 않고, 내각의 운영이 최규하 중심으로 운영되지도 않았다. 또한 최규하 정부는 민주화운동 세력과 제도권 야당 및 민중의 요구에 반하는 노선을 취했고 미국의 확고한 지지도 받지 못했다.

허정 과도정부와 최규하 과도정부를 비교해 보면 공통점보다 차이점이 훨씬 많다. 이러한 차이점으로 인해 두 과도정부의 역사적 성격은 크게 달라졌다. 허정 과도정부는 독재정권에서 민주정권으로 이행하는 과정의 질서유지를 관리한 interim government 의 성격을 갖게 됐고, 최규하 과도정부는 유신독재가 전두환 군부독재로 계승되는 과정에 발생한 권력의 공백을 단지 물리적으로 메워 준 caretaker government의 성격을 갖게 됐다.

참고문헌

김명섭, 1999, "1970년대 후반기 국제환경 변화와 한미관계," 한국정신문화연구원 편,『1970년대 후반기의 정치사회변동』, 백산서당.
김성태, 1983, "4·19학생봉기의 동인," 한완상 외,『4·19혁명론, Ⅰ』, 일월서각.
김용삼, 1999. 2, "신현확의 현대사 심장부 증언,"『월간조선』.
심재택, 1983, "4월혁명의 전개과정," 한완상 외,『4·19혁명론, Ⅰ』, 일월서각.
유용원, 1999. 4, "박근혜 증언: 아버지의 죽음과 핵개발,"『월간조선』.
이완범, 1998, "1950년대 후반기의 정치적 위기와 미국의 대응," 한국정신문화연구원 현대사연구소 편,『현대한국사의 재인식 4』오름.
정용욱, 1998, "이승만정부의 붕괴," 한국정신문화연구원 현대사연구소 편,『현대한국사의 재인식 4』, 오름.
"주한미국대사관 전무관 제임스 V. 영의 체험적 현장비록 1," 1994. 2,『월간조선』.
정국로, 1995,『한국학생민주운동사』, 한국현대사연구소
학민사 편집실, 1983,『4·19의 민중사: 사월혁명 자료집』, 학민사.
한완상 외 편, 1983,『4·19혁명론, Ⅰ』, 일월서각.
허정, 1979,『내일을 위한 증언』, 샘터사.
Oberdofer, Don, 1997, *The Two Koreas: A Contemporary History*, Reading, Mass.: Addison-Wesley.
Foreign Relations of the United States (FRUS), 1958-1960, Vol. XVIII

과도정부 시기의 사회경제적
갈등구조와 양상의 비교

이기호

1. 서 론

　이 글은 1960년의 허정 과도정부와 1980년을 전후한 최규하정부하에서 나타난 사회경제적 갈등을 중심으로 이 두 시기 시민사회의 갈등양상을 비교 설명하는 데 목적을 두고 있다. 특히 이 글에서는 당시의 시민사회적 맥락에서 나타난 갈등구조의 성격을 규명하고 이러한 갈등이 당시의 과도정부 시기에 어떻게 수용 혹은 관리됐는가를 살펴봄으로써 역사적으로 독특한 성격을 지닌 정치적 공간에서 시민사회적 갈등과 국가의 관계를 역동적으로 설명해 보고자 한다.
　이 연구가 초점을 두고 있는 1960년 4월 27일부터 8월 17일 장면정부 출범까지의 4개월 기간과 1979년 10월 26일 박정희 시해사건 이후 1980년 8월 16일 최규하 대통령의 하야에 이르는 시기까지의 체제변동기이다. 최규하정부 시기의 경우 제5공화국이 공식적으로 시작된 것은 그 다음해인 1981년 3월 3일이지만 최규하 대통령 하야 이후의 시기는 정치일정이 이미 예고된 전두환정권으로의 진입단계이므로 이 글에서 다루고자 하는 고유의 의미에서 과도정부라고 보기는 어렵기 때문에 그 시기를 최규하 대통령의 하야까지로 한정하고자 한다.

　과도정부란 정상적인 정치과정을 통해 형성된 정권이 아니며, 새로운 정권을 창출해야 하는 역사적 과제를 명시적으로 가지고 출범하는 과도기 정권을 의미한다. 따라서 과도정부는 구정부의 문제점을 해소하는 과거청산과 함께 새로운 정권을 창출하기 위한 미래지향적 역할을 동시에 수행하는 책임을 갖기 마련이다. 특히 허정 과도정부는 4·19혁명이라는 정치권 밖의 압력으로 이뤄진 정부인만큼 부정부패자들에 대한 처벌은 물론, 자유당정권 하에서 누적된 부패구조를 청산하고 다양한 사회적 요구를 수렴해 새로운 정치적 틀을 모색해야 하는 역사적 과제를 안고 있었다. 반면 최규하정부는 정치권 수뇌부에서 이루어진 10·26 박정희 시해사건의 결과 야기된 정부라는 점에서 사건에 대한 진상규명과 처벌, 그리고 새로운 정권을 출범시키는 과제로 단순화시킬 수도 있다. 그러나 이러한 단순화는 당시의 시대적 배경과 사회경제적 갈등양상을 무시하는 결과를 초래할 수도 있다. 다시 말하면 정치변동의 폭과 깊이를 어느 수준에서 인식할 것인가 하는 문제를 당시 기성 정치인들의 시각에서 파악할 것인지, 아니면 당시의 사회적 요구를 역사적으로 해석하는 시각에서 바라볼 것인지에 따라 과도정부의 역사적 임무가 달라질 수 있다.

이러한 문제의식에서 과도정부 시기의 갈등양상을 파악하려고 하는 것이 이 글의 의도이다. 예컨대 앞서 언급한 두 정치변동의 동인이 전자는 정치권 밖에서 온 반면에 후자는 정치권 안에서 이루어졌기 때문에 각 과도정부는 사회경제적 갈등의 축을 서로 다르게 이해하고 있었고, 따라서 정치의 새로운 틀을 모색하는 과정 역시 전혀 다른 수준에서 이루어지고 있었다. 그리고 그것은 대부분 당시의 사회적 기대수준에 훨씬 미치지 못하는 것이었고, 따라서 이미 구조화된 갈등으로 인해 두 정권 모두 군부쿠데타에 의해 쉽게 무너질 수밖에 없었던 것으로 보인다. 그러나 군부의 정치적 등장과정 및 이들의 정치적 프로젝트가 무엇이었는가 등을 다루는 것은 이 글의 연구범위를 넘어서는 일이다. 오히려 이 글은 과도정부 시기의 사회경제적 갈등구조와 이에 기초한 시민사회 내부의 요구가 무엇이었고, 이를 정치적으로 어떻게 표출 및 관철시키려고 했는가에 논의의 초점을 두고 있다.

2. 사회경제적 배경과 갈등구조

1) 허정 과도정부 시기의 사회경제적 갈등구조

이승만의 하야와 더불어 새로운 정권창출을 위한 과도정부의 출범에는 물론 4월 19일의 학생운동을 비롯한 정치·사회적 요인이 직접적이고 주관적인 계기를 만든 반면, 50년대 말부터 5·16군사쿠데타가 발생할 무렵까지 당시의 역동적인 정치변동에 객관적이며 간접적인 변수로 작동하고 있었던 것은 사회경제적 요인이라고 할 수 있다. 물론 당시의 이슈 가운데 사회경제 문제를 개혁하기 위한 주장이 강했거나 노동자, 빈민 등의 조직적인 움직임이 크게 있었던 것은 아니다. 그러나 학생들에 의해 촉발된 3, 4월의 학생운동이 국민적 지지를 얻어내고 이어서 정치변화의 프로그램으로 이어질 수 있었던 데는 이러한 사회경제적 요인이 구조적이고 지속적인 배경을 이루고 있었다는 점에 주목할 필요가 있다.

1950년대의 한국경제는 한국전쟁 이후 원조경제[1])에 의존하고 있었으며, 이러한 원조경제는 관료들과 결탁한 일부 자본가들에게만 혜택이 돌아가는 독점자본의 형태를 취하고 있었는데, 대부분 부정부패 등과 연결됨으로써 고용확장이나 산업자본 축적과는 전혀 다른 방향으로 이루어져 갔다. 더욱이 미국원조가 감소(<표 3-1> 참조)하기 시작한 1957년 이후에는 경기가 하강하고 성장률이 둔화되는 것(<표 3-2> 참조)에 비해 인플레이션만 가속화돼(전철환, 1983: 142-143) 일반서민들의 생활이 크게 어려워져 가고 있었다. 또한 1960년 당시의 완전실업률은 8.0%였으나 잠재실업률이 26.0%에 이르렀으며, 농가의 총실업률 또한 29.1%에 달했으며 비농가의 경우는 42.0%에 달하는 것으로 나타났다. 결국 실업자들과 저소득자의 광범위화는 당시 정치권에 대한 잠재적 불만을 형성하는 주요한 원인이 됐다. 더욱이 이러한 빈곤의 구조화는 단순히 원조경제의 감소 및 경기침체라고 하는 가시적인 변

---

1) 원조경제가 한국경제에서 차지하는 비중은 1958년 국내 재정투융자액 총 144억 원 가운데 120억 원에 이름으로써 83.4%를 차지하고 있다. 1960년에는 원조규모가 줄어들기는 했으나, 그럼에도 불구하고 원조물자 판매에 의해 마련된 대충자금이 전체 재정투융자액에서 차지하는 비중은 60.4%에 이르고 있었다.

화에서 온 것이 아니라, 정치권의 이속을 챙기기 위한 부정부패의 관행에서 비롯됐다는 데 문제의 심각성이 있다.

좀더 살펴보면 1957년 이후 원조가 감소됨에 따라 국내 재정지출 가운데 국방비 지출을 상대적으로 늘리지 않을 수 없게 됐고, 이에 따라 국내재정의 투자 및 융자가 감소하고 농어촌에 대한 지원은 준 반면 서민생활 안정책이라는 이유로 인플레이션에도 불구하고 저곡가정책을 시행함으로써 당시 가장 많은 비중을 차지하던 농민들의 생활고를 가중시켰다(<표 3-2> 참조). 더욱이 당시의 계급구성에서 자본가계급으로 분류될 수 있는 그룹이 1% 미만[2])이었던 점을 감안하면 당시의 사회경제적 구조는 정치에 의해 빈익빈 부익부가 심화되는 서민 수탈형 경제구조를 국가기구가 존속시키는 형태를 취하고 있었던 셈이다.

아래 표의 3항은 당시 세입구성을 나타낸 것인데 이를 보면 원조경제가 차지하고 있는 높은 비중과 서민들이 부담해야 하는 높은 조세부담률을 쉽게 알 수 있다. 아래의 세입구성의 추이에서 알 수 있듯이 원조경제에 의지한 대충자금에 의한 비중은 1957년 52.9%까지 올라 전체 세입의 절반을 넘어선 반면 1958년까지 조세수입은 30% 선을 유지했다. 그러나 57년 원조경제의 대폭 감소 이후에 결국 대충자금 감소분을 조세수입으로 대체함으로써 조세수입은 1960년에 이르러 51.5%까지 올라 1957년의 10% 조세부담률이 1960년에는 16.5%에 이르게 됐다. 앞서 언급한 높은 실업률까지 감안한다면 인플레에 따른 물가인상과 저소득, 게다가 높은 조세부담까지 감내해야 했던 대다수의 서민들에게

---

2) 자본가계급을 어떻게 이해하는가에 따라 구성비율에 큰 차이를 보인다. 김준의 통계에 의하면 자본가계급은 0.9%인 데 반해 서관모의 통계는 0.4%에 그치고 있다(서관모, 1987; 김준, 1993 참조).

당시의 사회경제 구조는 정치에 대한 불신에서 한 걸음 더 나아가 근본적인 변화를 기대하는 잠재심리가 매우 높았음을 알 수 있다. 이러한 서민생활에 대한 핍박은 과도정부 시기는 물론 새 정부가 들어선 1960년 8월 이후에도 지속적으로 악화됐고, 이것은 줄곧 이 시기의 사회경제적 배경을 이루고 있었다.

<표 3-1> 세입 구성의 추이   (단위: 백만원, %)

년도		1953	1954	1955	1957	1958	1959	1960
1) 외국원조액추이[1] (미국원조) *단위: 백만, 경상달러		194.2 (5.8)	153.9 (82.4)	236.7 (205.8)	382.9 (368.8)	321.3 (313.6)	222.2 (219.7)	245.4 (245.4)
2) GNP 성장률[2] 단위: %(1953년 100기준)		- 100	6.7 106.7	5.9 113.0	8.1 123.4	6.5 131.4	4.8 137.8	2.5 141.3
3)세입구성 의 추이[3] *단위:백만원 ,%	조세	2,096 (31.3)	5,199 (34.8)	11,054 (34.1)	11,736 (27.6)	14,349 (30.2)	21,596 (43.4)	24,964 (51.5)
	전매익금	400 (6.0)	585 (3.9)	1,000 (3.2)	1,620 (3.8)	2,147 (4.4)	2,270 (5.0)	2,300 (4.7)
	국채	203 (3.0)	333 (2.2)	1,367 (4.2)	1,523 (3.6)	1,800 (3.8)	500 (1.1)	1,000 (2.1)
	산업부흥 국채	500 (7.5)	1,294 (8.7)	1,961 (6.0)	2,964 (7.0)	849 (1.8)	210 (0.5)	191 (0.4)
	차입금	2,020 (30.1)	2,320 (15.5)	-(-)	950 (2.2)	2,230 (4.7)	640 (1.4)	801 (1.7)
	대충자금	796 (11.9)	4,470 (30.0)	15,054 (46.5)	22,541 (52.9)	24,580 (51.5)	18,910 (41.5)	16,763 (34.6)
	기타 수입금	668 (10.2)	718 (4.9)	1,941 (5.9)	1,215 (2.8)	1,781 (3.7)	1,412 (3.1)	2,437 (5.0)
	합계	6,683 (100.9)	14,919 (100.0)	32,377 (100.0)	42,459 (100.0)	47,710 (100.0)	45,540 (100.0)	48,456 (100.0)

1) 자료: 한국은행조사부, 1962.
2) 한국은행, 1964. 12(공제욱·노중기, 1990: 42.에서 발췌).
3) 자료: 경제기획원, 『예산개요』, 1963, 1965; 김명윤, 『한국재정의 구조』, 고려대 아세아문제연구소, 1967, pp.76, 88에서 재작성(공제욱·노중기, 1990: 42에서 재인용).

〈표 3-2〉 1960년대 직업별 취업구성표 (단위: %)

전산업	농림업	광업	제조업	건설업	전기가스, 수도위생업	도소매 금융업	운수 통신업	서비스업
100.0	79.5	0.4	5.0	0.4	0.2	6.3	1.3	6.9

자료: 경제기획원, 1962: 360.

당시의 경제변수 외에 또 한 가지 사회적 변수로 주의 깊게 살펴봐야 할 것은 국가기구의 이데올로기적 통제와 그 직접적 대상이었던 교육문제에 관한 것이다. 지금까지 살펴본 경제적 변수가 3, 4월 항쟁과정 및 과도정부 시기 일반서민들의 생활상태를 구조적으로 제약하는 것이었다면, 이데올로기적 통제 및 교육문제는 학생들이 먼저 3, 4월 항쟁에 나서지 않을 수 없었고, 이후 과도정부 시기의 지식사회 흐름을 결정하는 중요한 변수였다.

무엇보다도 한국의 교육제도가 반공주의로 획일화하는 데 결정적으로 영향을 미친 사건은 한국전쟁이다. 이미 초대 문교부장관을 지낸 안호상에 의해 1949년 3월 대학에는 학도호국단을 결성한 바 있으며 전쟁기간중인 1951년 12월 1일에는 "학생군사훈련 실시령"[3]을 공포했다. 이후 대학은 '1953년의 북진통일 학생궐기대회'를 비롯해 이승만정권의 필요에 따라 수시로 동원되는 등 이데올로기적 통제에서 한 걸음 더 나아가 정권을 지지하기 위한 상징조작의 도구로 이용됐다.[4]

---

3) "학생군사훈련 실시령"에 따라 당시 학생들은 4년간 주당 2시간의 군사훈련을 받게 했고 각 학교에는 배속장교가 배치됐다(고영복, 1983: 91 참조).

4) 자유당에 의해 학도호국단이 중심이 된 대표적인 학생 궐기대회에는 다음과 같은 것이 있다. 휴전반대 학생 궐기대회(1953), 미군철수 반대 궐기대회(1953), 친공유엔조사단 축출 궐기대회(1955), 학생반공 궐기대

뿐만 아니라 당시 대학은 1950년대 크게 팽창했으나 이에 준하는 재정적 지원과 교수충원이 이루어지지 않았다. 더욱이 사회적 수요에 의해 대학이 늘어난 것이 아니기 때문에 양적 확대에도 불구하고 고등실업자의 증가를 불러왔다(<표 3-3>참조).

〈표 3-3〉 1950년대말 대졸자의 취업현황

연도	졸업자	취업자	미취업자	입대자	자학자	기타	취업률(%)
1958	13,119	5,279	3,402	1,877	711	1,091	40.23
1959	15,295	5,505	4,432	2,440	861	1,026	36.39
1960	17,430	5,252	5,708	2,891	951	1,083	30.13

자료: 『문교통계연보』, 1962(강순원, 1990: 53에서 재인용).

위의 표에서 알 수 있듯이 대학생들은 학창시절뿐 아니라 졸업 후 고등실업자로 전락함에 따라 만성적인 생활고에 시달리고 있었다. 이러한 대학생의 모습을 당시의 대학신문에서는 다음과 같이 묘사하고 있다.

포연 가득한 참호 속에서 셰익스피어를 읽고 밀톤을 읽는 영국의 젊은 병사와는 대조적으로 대학 문을 드나들면서 군문을 연상해야 하는 대학생의 불안, 등록금이 없어 등교를 거부당하고 순경으로부터 개취급을 받고 있는…(대학생)"(변시민, "대학과 사회환경," <대학신문>, 1957, 5. 13<고영복, 1990에서 재인용>).

회 및 시위(1955), 리승만 박사 재출마요구 궐기대회(1956), 야당의 성명반대 궐기대회(1957), 재일교포 북송반대 궐기대회(1959) 등이다(이철국, 1988 참조). 이러한 궐기대회는 실제로 1952년 6월 24일의 국무총리 담화를 통해 발표한 학생들의 정치 및 사회운동 참가를 불허한다는 방침과도 정면 위배되는 일이었다.

대학생들이 느끼는 생활고와 현실에 대한 불만, 그리고 미래에 대한 암담함 등은 점차로 새로운 변화를 갈구하는 욕망으로 변화돼 가고 있었다. 그러나 대학이 갖고 있는 재정적 취약성, 교수의 부족, 학교운영 비리 등 심각한 대학 내의 여러 문제들이 한꺼번에 터져 나오면서 학생들은 3, 4월 운동 이후 새로운 총선(7월 29일)이 있기까지 학원민주화 투쟁으로 운동의 범위가 한정되는 경향도 나타났다. 학생들이 대부분 새롭게 정치적 현실에 눈을 뜨기 시작한 것은 대체로 의원내각제 헌법안이 통과되고, 이에 따라 새롭게 국회의원 선거가 있고 난 후였다.

2) 최규하 과도정부 시기의 사회경제적 갈등구조와 시민사회의 분화

유신체제로 시작된 제4공화국은 박정희정권이 장기집권하기 위해 필요한 모든 법적 규제와 물리적 규제가 동원된 시기였다. 철옹성 같았던 박정희정권은 뜻밖에 그가 가장 신뢰하는 그의 심복들과 함께 한 궁정동의 저녁 만찬 자리에서 김재규 중앙정보부장의 박정희 피살로 막을 내렸다. 그러나 박정희정권이 스스로의 무게를 견디지 못하고 자동적으로 허물어진 것은 아니었다. 김재규의 총격이 우발적이었는지 아니면 자신의 최후진술에서처럼 당시의 여러 정황에 대한 정치적 판단에 기초한 것인지를 분명히 단정짓기는 어려우나, 적어도 박정권에 대한 체제위기의 조짐은 지속적으로 누적돼 왔으며 1978년 이후 본격화됐다.

1975년 5월 13일 발효된 긴급조치 9호가 발동된 후 소강상태를 맞이했던 사회운동 세력과 이른바 재야그룹은 점차 반체제운동을 활성화시켜 갔다. 그 대표적인 것이 1978년 7월에 결성된 '민주주의국민연합'이었으며, 이는 다음해 3월 1일 김대중, 윤보선, 함석헌을 공동의장으로 하는 '민주주의와 민족통일을 위한 국민연합'으로 재결성돼 새로운 반체제운동의 구심점을 형성하기도 했다. 뿐만 아니라 1978년 국회의원 선거에서는 신민당이 공화당보다 많은 득표를 했으며, 이는 당시 재야세력과 사회운동 진영에게는 크게 고무적인 일이었지만 박정권에게는 위협적인 것이었다. 또한 1979년 5월에는 김영삼이 신민당 총재로 복귀해 유신체제에 대한 전면투쟁을 선포했고, 정부는 이에 대해 김영삼의 총재직 박탈은 물론 국가모독죄로 국회의원직마저 박탈했다. 이 사건은 김영삼 총재의 연고지를 중심으로 새로운 국면으로 이어졌는데, 이른바 부마사태로 일컬어지는 부산과 마산을 중심으로 한 대규모 시위가 심각한 수준으로 이루어짐으로써 유신체제 이래 박정희정권은 최대의 위기를 맞이했다.

이와 같은 정치적 사건의 이면에는 1979년의 YH사건이 상징적으로 보여주듯이 수출주도 전략의 중화학공업을 중심으로 한 고도성장5)의 사회경제적 변화가 새로운 사회운동의 조건으로 성장해 있었다. 1970년대 중화학공업을 집중적으로 추진한 박정권하에서 한국의 사회경제적 조건은 그 이전과 판이하게 다른 양적 팽창과 질적 변화를 경험하고 있었다. 그리고 이러한 새로운 변

---

5) 백종국은 1960년대와 70년대 박정희정권이 추진한 산업화정책에는 다음과 같은 6가지 특징이 있었다고 지적하고 있다. ① 정부주도의 성격, ② 수출대체 산업화의 추구, ③ 외자도입에 의한 성장, ④ 후발효과의 극대화, ⑤ 강력한 노동통제 전략, ⑥ 지역감정의 활용이 그것이다. 그는 이러한 중상주의 전략이 국가와 자본가계급간의 관계를 규정하는 한국자본주의의 특성으로 설명하고 있다(백종국, 1995).

화는 당시 시민사회가 새로운 저항운동을 전개할 수 있는 주요한 자원으로 성장하는 요인이 되기도 했지만, 동시에 체제에 안주하려는 경향도 나왔다는 점에서 양면성을 지니고 있었다. 이러한 양면성이 당시 최규하정부하에서 국가권력과 시민사회간의 역동적인 힘의 관계를 규정하는 주요한 구조적 변수였던 셈이다.

당시의 사회경제적 변화를 좀더 구체적으로 살펴보기로 한다. 먼저 계급구성상의 변화를 보면 중화학공업을 추진하는 과정에서 생산직 노동자계급의 절대적 숫자가 70년대 경제활동인구 가운데 20.1%였던 것이 1980년에는 29.1%로 증가6)했다. 또한 중간계급의 증가도 지속적으로 이루어져 1970년의 19.3%에서 80년에는 25.8%로 증가했다. 반면에 농어업분야의 1차산업 종사자의 인구가 꾸준히 줄어들면서 도시화가 빠른 속도로 증가했다.

그런데 노동자계급의 양적 팽창을 이해하는 데 국가주도의 산업화가 재벌을 육성하고 있었던 점과 노동자계급 내부에서 이루어지고 있던 경제적 차별화에 유의할 필요가 있다. 70년대 이후 중공업 중심으로 산업전략을 추구한 박정권은 거대규모의 자본을 가진 기업군을 필요로 했으며, 이는 국가의 지원과 특혜에 의해 성장한 재벌중심의 경제구조를 형성해 왔다. 당시 대기업은 공공 및 상업차관 중 제조업에 분배된 자금 가운데 중화학공업에 투자된 것이 1965년의 39.3%에서 1975년의 77.9% 그리고 1980년에는 다시 89.3%로 늘어났으며, 예금에 의존하는 금융자본을 일반금융의 이자율(1978년 기준으로 18.5%)의 반에 해당하는 9.0%로 할당됐다(마인섭, 1995: 166-167). 또한 <표 3-4>에서처럼 대기

---

6) 경제기획원 조사통계국, 1980: 106-107. 이 가운데 노동자계급에 포함시킬 수 있는 사무직, 판매직, 서비스직을 제외한 생산직 종사자(운수장비, 운전사, 단순노무자 포함)를 중심으로 한 통계임.

업의 비대칭적 성장은 국가권력이 추구한 산업화전략이 얼마나 편중된 것이었는가를 보여주고 있다. 게다가 당시 중화학공업 노동자들의 임금수준이 기타업종보다 높았으며 이들이 대부분 대기업이었다는 점을 감안하면, 중소기업 노동자들은 훨씬 더 열악한 경제적 조건을 감수했어야 한다는 것을 의미한다.

〈표 3-4〉 중소기업과 대기업의 비교

	대기업	중소기업
업체수의 비율(1979년)	3.5%	96.5%
고용인력의 비율(1979)	52.1%	47.9%
부가가치 생산비율(1978)	64.8%	35.2%

자료: 한국상공회의소, 『한국자본주의』, 1990(마인섭, 1995에서 정리).

이러한 불균형한 성장과정은 한국사회 노동자계급 내부의 이질성을 심화시키는 경향을 낳았다. 지금도 해결되지 않은 문제지만, 산별노조가 존재하지 않는 가운데 이러한 기업별 차별화는 노동운동이 전국적인 연대를 형성할 수 있는 구조적 제약요인이 되고 있었다. 특히 노동조건이 열악할 뿐 아니라 저임금 장시간 노동에 시달리고 있는 중소기업의 단순생산직 노동자들의 경우는 자신들의 조건을 기업단위에서 해결해야 했다. 기업단위에서 벌어지는 노동운동을 제압하는 것은 공권력을 쉽게 동원할 수 있던 자본가들의 입장에서는 상대적으로 훨씬 유리한 위치에 있었던 것이다.

사회 전체의 구성으로 보아도 이러한 계급별 차별화, 즉 사회적 양극화현상은 점차 구조화돼 갔다. 고도산업화 과정에서 두 자릿수 이상의 경제성장률은 사회 전체적으로 물질적 풍요를 가져온 것으로 비추어졌고, 실제로 도시 중산층(<표 3-5>의 도시 프티부르주아에 해당)이 증가한 것도 사실이었지만 상대적 빈곤감 또한 증대했다. 예컨대 당시 조사된 최저생계비가 2인 가족을 기준으로 했을 때에도 1980년 현재 18만 4천 원 이상이었음(<표 3-6> 참조)을 감안할 때 단순 육체노동자(<표 3-8> 가운데 회색칸 해당)들의 평균임금은 이에 훨씬 못 미치는 것이었다. 더욱이 이들 임금이 평균치임을 감안하고, 여기서 다시 대기업 종사자와 중소기업 종사자의 임금격차를 감안한다면, 당시 고도성장의 주역이었음에도 불구하고 이들은 수혜자가 아니라 희생자의 위치에 머무르고 있었다.

〈표 3-5〉 한국사회계급구성　　(단위: 1,000인, %)

연도	사회구성	1966	1971	1975	1980
경제활동인구		9,071	10,542	12,340	14,454
경제활동참가율		55.4	55.5	56.5	57.1
자본가계급		0.7	0.6	0.6	1.2
프티부르주아	전체	61.8	58.0	56.6	48.9
	농촌 프티부르주아	46.4	38.9	38.5	28.4
	도시 프티부르주아	15.0	18.2	17.6	19.8
	전문, 기술직 종사자	0.4	0.9	0.5	0.7
노동자계급	전체	37.4	41.4	42.8	49.9
	샐러리맨	6.1	9.5	8.2	11.6
	생산직노동자층	19.4	20.7	24.3	26.6
	비생산직 노동자층	4.7	6.7	6.2	6.5
	실업자	7.1	4.5	4.1	5.2
합계		99.9	100.0	100.0	100.0

자료: 서관모, 1984: 48에서 발췌.

※단, 서관모의 분류에 의하면 a) 자본가계급은 직업대 분류 2 가운데 행정 및 관리직 종사자, b) 프티부르주아는 자신의 노동에 의해 생활하는 소유자 집단, c) 노동자계급은 생산수단을 소유하지 않고 자신의

노동력을 자본가에게 상품으로서 임금을 받고 판매하지 않으면 안 되는 노동력의 자유로운 소유자. 서관모의 분류 가운데 자본가계급의 범주설정에는 다소 논란이 있을 수 있으나 대체로 사회구성을 이해하는데 큰 무리가 없으므로 본고에서는 그 수치를 그대로 인용한다.

〈표 3-6〉 가구규모별 최저생계비   (단위: 원)

년도	2인가족	3인가족	4인가족	5인가족
1978	101,586	130,237	162,796	210,992
1979	133,230	176,700	222,312	277,941
1980	184,749	233,975	283,395	353,974

자료: 노총 도시근로자 생계비 각년호 (민중사간, 1988, 『1987 노동사회사정』 자료집에서 발췌.

〈표 3-7〉 70년대말 (10. 26전후)과 1980년의 경제지표   (단위:%)

구분	1978	1979			1980
		연간	1/4~3/4(평균)	4/4	
GNP성장률	11.6	6.4	9.6	1.0	-5.7
고정투자 증가율	24.0	9.7	17.7	-5.8	-14.8
수출증가율	26.5	18.4	20.5	13.1	11.6

자료: 경제기획원, 『경제백서, 1980』, p. 79; 『경제백서 1981』. p. 64. 손호철, 1995에서 재인용.

〈표 3-8〉 직종별 임금수준의 변이

	전문기술직	행정관리직	사무직	판매직	서비스직	농림,수산수렵직	생산직	평균	표준편차
1978	211,487	333,227	142,219	98,375	77,259	81,972	78,434	104,132	53,896
1979	285,504	485,826	196,199	119,560	108,425	121,304	111,776	146,442	71,274
1980	321,530	517,432	211,678	116,815	131,381	144,426	130,848	173,150	84,297

자료: 경제기획원, 『한국의 사회지표』. 1987. pp.118-119에서 작성.

최규하 과도정부 시기의 사회경제적 배경은 1960~70년대를 거치면서 형성된 농민층의 분해와 도시중산층의 성장, 그리고 노동계급의 이질적 분화로 요약될 수 있다. 그러나 이들의 주관적 의식구조는 민주화를 바로 추동할 수 있거나 정치적 전망과 관련해서 생각하고 행동할 수 있는 의식수준으로 이어지는 것은 아니었다. 예컨대 저임금 단순노동자의 경우, 이들의 절대적 빈곤과 상대적 빈곤 때문에 임금인상과 단위기업의 노동조건을 향상시키는 것에 그치는 조합주의적 운동에 머무는 경우가 대부분이었다. 또한 양적으로 성장하고 있던 도시 프티부르주아 및 상대적으로 고임금과 근무조건이 나은 샐러리맨(화이트칼라)으로 불리는 사무직 노동자들의 경우, 반공의식 세례 속에서 정치적 침묵과 정치적 안정을 희구하는 경향이 강했다는 점(김영명, 1991: 329) 등을 지적할 수 있다. 이러한 조건은 특별한 정치적 계기에 의해 사회변혁을 위한 주요한 지지세력으로 성장할 수 있었던 반면, 다른 한편으로는 조직되지 않은 대중 혹은 변혁적 전망을 결여하거나 침묵으로 일관하는 소시민적 성격을 동시에 가질 수 있었다는 점에서 최규하 과도정부 시기 이들의 움직임은 당시의 정치적 일정과 사회운동 진영의 전략에 따라 가변적일 수밖에 없었던 것으로 보인다.

3. 과도정부시기의 시민사회적 특성

1) 허정 과도정부 시기의 시민사회와 사회운동의 전개양상

 허정 과도정부는 처음부터 과도정부임을 명확히 했을 뿐만 아니라 허정 자신이 집권에 대한 의지가 강력하지 않았기 때문[7]에 정치권 내부에서는 새로운 권력투쟁과 변화를 야기할 만한 새로운 사건은 만들어지지 않았다. 대신 허정 과도정부는 법적 절차를 최소화해 새로운 정부가 탄생하는 데 필요한 가장 신속한 절차를 밟았다. 따라서 이러한 명시적인 정치과정에 대해 새롭게 문제를 제기할 만한 뚜렷한 정치적 쟁점을 형성하기도 어려웠고, 3, 4월의 운동이 조직화된 사회세력으로부터 분출된 운동이라기보다는 학생들이 중심이 됐기 때문에 갑자기 열려진 시민사회 공간을 각 부문운동이 계획적으로 조직적인 구심력을 만들어 가기에는 3개월 남짓의 과도정부기로서는 너무나 짧은 시기였다.
 또한 아직 본격적인 산업화단계를 거치지 않은 상태였으며, 여

---

7) 당시 허정의 정치적 입장은 매우 독특한 위치를 가지고 있었다. 왜냐하면 허정은 이승만과는 각별한 사이임에도 불구하고 특정한 정치적 집단에 가담해 있지 않았다. 따라서 과도정부 수반으로서 허정은 스스로 독자적인 정치세력을 조직화하기는 어려웠으나, 자유당으로서는 이승만을 승계하는 허정의 정치적 입장에 대해 안심을 할 수 있었고 정권을 인수할 만큼 당내 결속력을 갖추지 못한 민주당으로서는 시간을 벌 수 있는 좋은 기회라고 인식됐기 때문이다.

러 가지 경제적 악조건에도 불구하고 이를 조직적으로 항의할 수 있는 정치의식은 매우 낮은 단계였다. 따라서 각 부문운동이 이 시기에 조직적으로 성장했다고 보기는 어려우며, 더욱이 서로 간의 연대를 통한 전국적인 운동으로 전개하는 것은 그리 쉬운 일이 아니었다. 이러한 이유에서 4·19의거 이후에도 지속적으로 시민사회 내에서 운동을 전개할 수 있던 그룹은 대학생 및 교사 등의 지식인 그룹이었으며, 시민사회 내부의 자생적 운동으로 범주화하기는 어려우나 이승만정부의 강력한 반공정책하에서 움츠렸던 혁신세력들의 정치적 운동이 이 시기에 활성화됐다.

이 절에서는 시민사회 내 다양한 세력의 움직임 가운데 과도 정부 시기에 활발하게 움직였거나 이후 중요한 계기를 만든 사회운동에 국한해서 살펴보고자 한다. 먼저 이 시기 노동운동의 전개양상을 살펴봄으로써 그 운동이 지니는 의미와 한계를 살펴보기로 한다. 이승만정부는 앞서 학도호국단 등의 기구를 설치함으로써 대학을 정치권력의 통제하에 편성시킨 것과 마찬가지로 대한독립촉성노동총연맹(이하 대한노총)[8]을 통해 노동운동을 통제하고 자본가와 국가권력의 이해를 관철시키는 하향식 통로로 이용해 왔다.

---

8) 실제로 한국의 노동운동은 일제시기 민족·민주의 관점에서 지속적인 자기 해방운동을 전개해 왔으며, 해방 후 조선노동조합전국평의회(전평, 1945년 11월 25일 결성)를 통해 전국에서 활발하게 운동을 했지만 해방 공간에서 좌익과의 결합, 그리고 좌우대립의 과정에서 불법화되고 말았다. 대한노총은 1946년 3월 10일 출범한 이후 전평과 적대적 관계를 지속하다가 우익세력의 전폭적 지지로 급속히 확대됐다. 그러나 그후 대한노총 내부의 주도권 쟁탈전 등으로 본래의 목적사업은 거의 진행시키지 못했다.

〈표 3-9〉 1950년대말과 1960년의 노조설립 및 노조원가입자수의 변이

년도		노동조합				노동조합원 총수	노동조합원 증가수
		신고설립	취소	변경	현재 조합총수		
1957		83	89	46	572	241,680	7,776
1958		86	24	36	634	248,507	잘못된 계산식
1959		81	157	121	558	280,438	잘못된 계산식
1960전체		388	32	203	914	321,097	잘못된 계산식
1960	1월	11	-	11	569	281,473	잘못된 계산식
	2월	11	-	5	580	283,007	잘못된 계산식
	3월	10	1	3	589	301,891	잘못된 계산식
	4월	17	1	3	605	302,798	잘못된 계산식
	5월	25	-	6	630	305,973	잘못된 계산식
	6월	59	1	29	688	302,295	잘못된 계산식
	7월	77	5	29	760	301,962	잘못된 계산식
	8월	35	5	29	790	312,096	잘못된 계산식
	9월	43	2	24	831	306,789	잘못된 계산식
	10월	30	4	17	857	310,741	잘못된 계산식
	11월	34	6	30	885	313,271	잘못된 계산식
	12월	36	7	17	914	321,097	잘못된 계산식

자료: 보건사회부, 「보건사회부 통계연보」, 1960, 479쪽(전기호, 1990에서 재작성).

1959년 8월 11일 이러한 지도부에 반기를 든 세력들이 대한노총을 이탈, 새로운 전국노동조합협의회(이하 전국노협)를 구성했다. 이들은 "자유로우며 민주적인 노동조합 운동의 발전을 위해 악덕 기업주와 노동 부로커들과의 가차없는 투쟁을 통해 조국의 민주화와 반공통일에 이바지할 것"(한국노총, 1979)을 주장했다. 그 후 대한노총은 전국노협의 활동에 자극과 견제를 받다가 4·19 이후 노동운동의 새로운 국면이 전개되자, 기존 지도부가 사퇴하고 1960년 11월 25일 한국노련9)으로 합치게된다. 결국 과도정부 시기에는 전국노협과 기존의 대한노총이 대립하고 있었으며, 그러한 가운데 많은 노동조합이 새롭게 형성됐다.

<표 3-9>는 이러한 노동조합 설립에 관한 당시의 통계자료이다. <표 3-9>에서 보아 알 수 있듯이 1960년에 새롭게 신고된 노동조합은 거의 5배에 달하는 388개에 이르고 있다. 특히 4·19의 거가 끝나고 난 한 달 반 정도를 사이에 두고 6월과 7월 두 달 동안 136개나 되는 신생 노동조합이 설립됐다. 이는 바로 과도정부 시기에 발생한 것이다. 특히 위의 표에서처럼 단위노조의 평균 조합원수를 계산해 보면, 1959년의 경우 502명이었으나 60년대에는 단위노조원수가 351명으로 줄어들며, 더욱이 60년에 신설된 노동조합과 60년에 증가된 노동조합원의 수로 계산해 보면 60년에 신설된 노동조합의 평균 조합원수는 104명에 불과하다. 이는 60년대에 신설된 많은 노동조합이 그 동안 정부의 규제 등으로 인해 조직화되기 어려운 중소기업에서 주로 이루어지고 있음을 알 수 있다.

---

9) 한국노련의 성격은 실제로 결합체 이상의 의미를 크게 지니지 못했던 것으로 보인다. 자세한 것은 다음의 자료를 참조할 것. 전기호, 1990; 박현채, 1988; 한국노총, 1979.

한편 이 시기 노동운동의 특징은 다음의 노동쟁의 발생 처리 상황으로 미루어 보아 대체로 경제투쟁의 선에서 이루어지고 있음을 알 수 있다. 노동조합원의 대부분의 요구는 임금인상으로 전체 발생건수의 55.9%를 차지하고 있다. 한 가지 주의할 것은 아래의 통계는 공식 집계된 쟁의건수라는 점이며, 4·19의거 이후 6월 말일까지 가두행진을 한 것이 485건에 참가인원이 123,475명이나 됐다고 한다(박현채, 1978). 대체로 이들의 시위내용은 임금인상을 요구하는 것이 많았다. 그러나 노동조합이 조금씩 자리를 잡아 가면서는 노동조합에 대한 요구가 27.2%로 증가하는 경향을 읽을 수 있다. 이는 당시의 노동조합이 기층노동자들의 요구를 충분히 수렴할 수 있는 민주적 의사과정을 갖추지 않았음을 보여주는 것이다. 더욱이 1960년 말에는 전국노협과 대한노총이 통합하면서 한국노총으로 탈바꿈했으나 실제로 과거와 크게 달라지지 않았던 점 등을 고려할 때, 과도정부 시기에 급격히 팽창한 노동조합이 이들의 권익투쟁을 위한 시민사회 내부의 정치적 기지로 활용되기에는 지극히 초보적인 단계에 머물렀으며 오히

〈표 3-10〉 노동쟁의 발생처리상황표

년도	발생건수	쟁의 형태				쟁의원인별						
		동맹파업	태업	직장폐쇄	기타	임금	근로시간	보건위생	감독자배척	조합에대한요구	해고반대	공장폐쇄반대	기타
1957	45	-	-	-	44	38	26	-	1	1	3	2	4
1958	41	2	-	-	39	21	-	-	-	1	13	-	6
1959	95	1	-	-	94	76	8	4	4	3	11	1	6
1960	227	44	2	1	180	127	6	2	10	7	33	4	74
1961	81	31	1	-	49	49	1	4	2	22	14	-	30

자료: 보건사회부 총무과, 『통계보고』(한국노총, 1979: 496에서 발췌 인용).

려 조합 그 자체가 투쟁의 대상이 되기도 했다. 결국 이 시기의 노동조합은 급속히 빠른 속도로 조직됐음에도 불구하고 노동조합주의로 매몰되는 경향을 드러냈고, 노동조합 내부의 민주화는 또 다른 장애물로 남아 있었다.

박현채는 이를 "60년대에 이르는 과정에서 상대적 과잉인구가 취업기회의 부족으로 인해 일부 취업노동자는 상대적 안정에서 오는 소시민적 보수성에 젖어 있었고, 광범한 미취업 노동자는 생존을 위한 긴박한 상황 속에서 나날의 생활에 쫓겨 높은 차원의 의식을 가질 수 없도록 되어" 있었다고 설명한다(박현채, 1988: 168). 그럼에도 불구하고 이 시기의 쟁의형태 가운데 주목할 것은 이들이 동맹파업 형태를 많이 취했다는 것이다. 이것은 단위사업장을 넘어선 운동간의 연대를 의미하는 것으로 이후 노동운동의 방향에 새로운 경험이 됐을 것으로 판단된다. 아직 한국사회가 산업화의 맹아단계였다는 점과 이 시기 노동자의 의식수준이 낮았던 점을 고려할 때, 과도정부 시기의 노동운동은 향후 노동운동의 방향 및 전략에 중요한 계기를 이루었다.

무엇보다도 사회운동의 관점에서 이 시기에 가장 주목할 만한 시민사회 내부의 변화는 교원노조 운동에서 나타나고 있다. 교원노조 운동은 1960년에 이르는 한국사회의 사회경제적 모순을 집약하고 있다. 이는 대학뿐만 아니라 중고등학교까지 모두 하나의 묶음으로 관리됐는데 당시 교사들[10]의 가장 큰 불만은 학원을 ① 정치 도구화하는 것과 ② 모리 대상화하는 것, 그리고 ③ 교사신분의 불안정성 등에 있었다. ① 학원의 정치 도구화란 직원

---

10) 이 교사들은 1960년을 지나면서 어용단체인 대한교육연합회와 달리 새롭게 교원노조운동을 전개하는데 참가한 이들이다.

회 석상이나 교장실에서 자유당 입당원서에 날인하거나 선거운동에 동원되고 학부형 성분조사 등에 이용되는 것을 말한다. ② 학원의 모리 대상화란 대한교련에서 발행되는 여름·겨울 방학책 및 학습장 등 부교재를 국정교과서 2, 3배의 가격으로 사야 했으니, 이러한 독점행위는 학부모의 부담을 가중시키는 것이었다. ③ 교사신분의 불안정성이란 부패현실을 통탄하거나 직언을 하는 경우 좌천 혹은 해직되는 것을 의미하는데, 사학에 교사신분은 전혀 보장되지 않았다(자세한 내용은 이철국, 1988 참조). 또한 매학기 1,200환(1958년 10월 현재)의 학도호국단비를 거두었음에도 불구하고 학생 자치활동의 기회는 주어지지 않았다(고영복, 1983 참조).

〈표 3-11〉 과도정부시기 교원노조 가입자 현황

지역	교조가입자수	전체교원수	가입비율(%)
서울	218	8,187	2.66
경기	463	8,395	5.52
충북	0	5,143	0
충남	910	8,020	11.09
전북	371	8,470	4.38
전남	230	10,957	2.10
경북	8,142	12,986	63.14
경남	8,087	14,083	57.38
강원	0	6,148	0
제주	178	1,191	14.95
합계	18,678	83,490	22.37

자료: 이철국, 1988: 191.

따라서 4·19 이후의 교원노조 운동은 노동운동의 맥락과 아울러 교육투쟁, 곧 정치투쟁의 의미를 갖고 있었다. 과도정부 시기 그 어떤 운동보다도 조직적이고 체계적으로 전개됐음에도 불구하고 과도정부가 이를 끝까지 불법화한 것도 바로 그런 이유 때문이다. 특히 교원노조 운동은 지속적인 투쟁과정을 통해 지식인 사회와의 연대는 물론 다른 노동운동과의 투쟁을 통해 전국적 규모의 운동 네트워크를 가지고 있었다는 점에서 과도정부 시기에 가히 정치권력에 위협적인 사회운동으로 자리잡아 가고 있었다. <표 3-11>은 과도정부 시기의 교원노조 가입자 상황에 관한 표다.

<표 3-11>에서 알 수 있는 바와 같이 당시 교원노조 가입운동이 불법이었고 여러 가지 파면, 전직 등의 불이익이 있었음을 감안하면, 전국적으로 22.37%가 교원노조에 가입해 활동했다는 것은 특기할 만한 사실이다. 또 한 가지 사실은 위의 표에서 알 수 있는 바와 같이 지역적 편차가 크게 존재했다는 점이다. 이것은 교원노조 운동이 단순히 노동운동의 맥락에서 이루어진 것이 아니라 지식인의 역할과 정치적 입장 등이 함께 고려되고 있었음을 암시하는 것이라고 할 수 있다. 실제로 당시 혁신세력의 모임[11]은 주로 대구 및 부산에서 이루어졌으며, 이는 한국전쟁중 그 피해가 적었던 지역으로 과거 혁신운동 혹은 좌파의 영향력이 온존했던 지역이기 때문인 것으로 판단된다. 교원노조 운동은

---

11) 혁신세력의 움직임으로는 대구에서 조직된 민주구국동지회를 들 수 있는데, 이는 4·19 이전에 이미 조직된 것으로 4·19 직후 조직을 개편해 본격적으로 활동했다. 또한 부산에서는 1960년 6월 12일 민주민족청년동맹이 결성돼 이후 전국적인 조직으로 확대돼 갔다(자세한 내용은 박태순·김동춘, 1991 참조).

이러한 맥락에서 대구지역에서 가장 활발하게 진행됐는데, 다음의 인용문들은 당시 교사들의 상황인식과 문제의식을 분명하게 보여준다.

① 단결과 투쟁만이 민주학원을 건설하는 길이다. 떳떳하게 우리들의 권리를 만천하에 선언하자. 이념상으로 상정되고 법리적으로 규정된 우리들의 의무를 완수하고 나아가서 사회적 지위향상을 부르짖자!…… 우리들의 정치적 중립성과 교육의 자주성은 여하한 억압으로서도 침해되어서는 안 된다(대구시 교원조합결성준비위원회, "전국 교원동지의 분기를 촉구한다," 1960. 6).

② 교원은 경제적인 약자이며 가장 고된 근로자이다. 우리가 우리의 자주단체인 교원조합을 못 만든다라는 논법은 우리나라의 노동법을 부정하는 것이며 나아가서는 법 전체를 부정하려는 위정자의 탈선행위이다(대구지구 초등교원노동조합, 대구지구 중등교원노동조합, 경상북도 교원노동조합연합회, "성명서," 1960. 6. 24).

③ 우리 교원노조의 현단계의 제1차 과업은 교육의 자주성과 학원의 민주화를 위한 교육계의 정화운동인 것입니다. 구정권하에서의 부정, 불법, 부패의 독선적 교육행정 관료배와 그들과 잔재적 유대를 가진 사이비 교육자의 척결을 통한 혁명적 인사쇄신을 주장합니다(전국교원노동조합연합대회, "각 정당대표, 민·참의원 입후보자에게 보내는 메시지," 1960. 7. 3).

이상의 내용을 보면 교원노조 운동은 다른 노동운동과 달리 이미 그 자체가 정치투쟁의 성격을 지니고 있으며(인용 ③ 참조), 운동의 방법에 있어서도 전국적인 단결을 도모하고 있으며(인용

① 참조), 운동의 이슈 또한 노조의 합법화 및 교육현장과 관료들의 부정부패 척결을 주장하고 있음(인용 ①과 ③ 참조)을 알 수 있다. 또한 이들은 스스로를 경제적 약자로 정의하고 노동운동의 맥락에서 자신들의 경제적 지위를 규정함(인용 ② 참조)으로써 투쟁전략을 다층화하고 있음을 볼 수 있다. 또한 교원노조 활동과 함께 이 시기에 은행노조 및 언론노조 등이 형성됨으로써 지식인 노동자들의 노조가 형성되고 있음에도 주목할 필요가 있다.

한편 3, 4월 운동을 주도했던 학생운동의 전개와 이 시기에 두드러졌던 혁신세력의 움직임은 과도정부 시기에서 대단히 중요한 역사적 위상을 지니고 있다. 이 두 움직임은 부문운동의 성격을 지니기보다는 아직 자신들의 정치적 입장을 명확하고 지속적이며 조직적으로 표출하는 것에 준비되지 않았던 시민사회 내부에서 전사회적 관점과 역사적 관점을 가지고 사회변혁의 방향을 제시하고 있었기 때문이다.

학생운동은 3, 4월 혁명을 지나면서 과도정부가 성립하자 학원으로 돌아갔다. 이들은 이후의 정치일정에 대해 어떠한 새로운 요구를 할 만큼 준비된 프로그램이나 조직을 갖추고 있지 못했다. 대신 이들은 1960년 5월 3일 학도호국단 해체와 더불어 새롭게 조직된 학생회를 중심으로 학원민주화 투쟁에 주력하게 된다. 학원민주화 운동은 세 차원에서 진행됐는데, "하나는 자율적인 학생회 조직이고, 둘은 어용교수의 퇴진운동이고, 셋은 학교 행정체계의 민주화"(고영복, 1983: 113)를 요구하는 것이었다. 학생운동이 학원민주화 운동을 전개해 가는 한편 7월 이후에는 사회적인 문제에 대해 관심을 가지고 활동을 하기 시작했다. 7월 이후 이들은 한국사회의 민주화를 위해 국민들의 의식개혁이 필요하다고 판단한 후 국민 계몽운동과 신생활운동 등을 전개했다. 이러한 운동은 이들이 정치변동의 과정에서 새로운 정치의 틀을 짜는 데 참여하는 것이 아니라 학생으로서의 신분에 한정해 대사회적 봉사활동 차원에서 이루어지고 있다는 점에서 자기 제한성을 분명히 하고 있었다.

다음은 4·19의거 후 총선 직전 시기의 서울대학교 계몽대 선언문 가운데 일부를 발췌한 것이다.

> 우리 학생동지들 자신의 열혈로 일으켰던 4월혁명은 압제받던 정치적 자유의 양적 확대와 경제적 독점의 배제, 그리고 학원의 절대적 자유를 미래의 조국에 약속케 하면서 아직도 진행도상에 있다. 그러나 구질서의 타도와 신질서의 수립을 절규했던 혁명정신을 자각치 못한 정치인, 언론인 또는 일부 학생, 국민들은 그 무지, 보수성, 반혁명성 등으로 하여 밝은 조국의 장래를 불안케 하고 있다.…… 이제 우리는 국운을 좌우할 차기 총선거에 임하여 정확한 판단기준을 보지치 않고 있는 국민 일반의 정치의식의 고양과 편파 선동적인 분별없는 일부 학생들의 파괴적인 폭력행위의 방치, 이에 결과하는 사회적 혼란 등을 안정화하기 위하여 국민계몽대를 조직케 된 것이다. 그러나 또한 우리는 계몽운동의 단기적 목표를 이와 같이 선전계몽에 둠과 동시에 조국과 민족의 복지달성의 근본은 실생활, 신도덕의 수립에 있음을 망각하지 않고 장기적으로는 건설하는 국민의 생활계몽을 목적하고 있다. 따라서 이번 국민 계몽운동이 그 실효성을 거두기 위하여 특정의 정치적 현황에는 중립하지 않으면 안 될 것이다("서울대학교 국민계몽대 선언문," 1960. 7. 6).

선언문에 나타난 것처럼 학생들은 정치적 입장에서의 중립을 유지하는 가운데 과도정부가 새로운 정부의 틀을 갖추어 가는 과정에 직접 개입하는 것은 자제하는 대신, 일반 국민들에게 들어가 새로운 생활과 새로운 의식을 고양시키는 것에 주력하는 것을 행동지침으로 삼고 있었다. 그러나 이러한 국민 계몽운동은 실제로 그 웅장한 취지에 비해 결과는 빈약했다. 당시 서울대 전교생이 거의 전국으로 흩어져 활동했으나 농촌에 대한 경험부족과 여러 가지 준비미숙 등으로 인해 이들의 활동은 서울의 소식을 전달하는 수준에 머물렀던 것으로 보인다. 또한 신생활운동도 양담배 소각 및 사치추방 캠페인 등을 활발하게 벌였으나 지속적이고 전국적인 운동으로 확산되는 데는 역부족이었다. 운동이 성공적이기 위해서는 주체세력의 강직한 내면화된 윤리의식이 필요했으나, 학생들은 이를 충분히 갖추지 못했으며 현실에 급급한 사회가 학생들의 주장에 대해 지속적으로 호응하기 어려웠기 때문이다(고영복, 1983: 117).

그러나 이러한 학생운동과는 다소 다른 맥락에서 보다 진보적인 학생운동이 과도정부 후반기에 등장했다. 앞서 국민 계몽운동 및 신생활운동 등의 활동이 학생회를 중심으로 이루어진 반면, 이들은 여러 가지 서클활동을 통해 성장했다. 실제로 이들은 4·19를 전후해 이미 신진회, 신조회, 협진회, 암장그룹 등으로 존재해 왔다. 그러나 이들 조직은 학생들 스스로 조직한 자생조직이라기보다는 각기 체계적인 이념체계를 갖추고 있던 진보적 지식인들이 선배역할을 하면서 형성된 것이었다. 예컨대 당시 전국적 조직으로 확대됐던 민주민족청년동맹(이하 민민청)은 부산의 암장그룹이 중심이 돼서 1960년 6월 12일 결성됐으며, 이후 이 조직은 대구, 서울로 이어지면서 전국적인 조직체계를 갖추게 됐다(박태순·김동춘, 1991: 115-133 참조). 민민청은 각 대학의 학생활동을 지도하거나 지원하는 활동을 했다. 이후 7·29총선의 결과로 민주당이 집권하면서 정치개혁의 한계를 드러내기 시작하자, 그 해 11월 18일 서울대에서 민족통일연맹(이하 민통련)이 조직됐다.

민통련은 각 대학으로 확산되면서 대학간 연대의 틀을 갖추었다. 이후 1961년 상반기의 전국적인 시위는 민통련이 주도하게 된다. 그 대표적인 것이 한미경제협정(1961. 2. 8) 반대투쟁을 2월 14일 서울시내 7개 대학이 모여 파고다 공원에서 성토대회를 열었으며, 반공임시특별법과 데모규제법을 정부가 제정하려고 하자 전국대학이 연대해 악법반대 공동투쟁위를 결성, 3월 22일부터는 4·19 이후 최대규모의 집회 등이 열리기도 했다. 물론 이들의 활동이 본격화된 것은 1960년의 7월 29일 총선거 이후이나 이들이 스스로의 이념과 조직을 정비해 가기 시작한 것은 4·19를 전후해 과도정부 시기에 이루어지고 있었다. 특히 이들은 앞서 학생회 조직과 달리 다른 혁신 정치세력과 진보적 지식인들과의 연대를 형성하고 있었음에 주목할 필요가 있다. 또한 이들은 통일논의를 본격적으로 제기함으로써 혁신세력의 통일논의와 함께 남한사회 내부의 민주화모순과 계급모순 등을 통일문제와 연계시킴으로써 정치갈등의 수준을 새로운 차원으로 이전시켰다.

2) 최규하정부 시기 시민사회의 전개양상

최규하정부 시기의 시민사회는 앞서 2절에서 살펴본 바와 같이 경제성장 과정에서 계급분화가 진전된 만큼 시민사회의 구성 또한 그만큼 복잡하고 다층적인 성격을 그대로 반영했다. 이 시기에는 사회변혁적인 의지와 전망을 가질 만큼 각 부문운동이 성장한 것은 아니지만 대체로 각 부문의 조직화가 이루어져 가고 있었다. 이들 조직 가운데는 단위노조 등과 같이 자생적으로 성장한 조직과 학생, 지식인 혹은 종교집단을 매개로 형성된 조직, 그리고 박정희정권의 오랜 군사독재로 인해 형성된 재야 정치세력이 시민사회 내부에서 나름대로 독자적인 영역을 형성하고 있었다.

그러나 이러한 영역들은 1979년 박정희 대통령의 사망 이후 곧바로 새로운 요구를 들고 조직적으로 나서지는 않았다. 최고통치자의 갑작스런 죽음에 준비하는 시간도 필요했으며, 집권 정치세력은 이를 새로운 정권을 창출하는 변혁기로 이해하기보다는 돌발사고(?)로 정리했으며, 자신들의 정치적 입지를 유지·강화하기 위한 프로그램을 적어도 12·12군부쿠데타가 있기까지는 비교적 여유 있게 진행시켰다. 예컨대 박정희 사망 다음날, 이들은 대통령 유고로 상황을 규정하고 정권교체 및 의미 있는 새로운 변화를 사회적 차원에서 마련하는 것이 아니라 최규하 대통령권한대행의 책임 아래 '박정희 대통령의 시해사건'을 진상 조사하는 수준에서 마무리했다. 또한 새로운 헌법에 대한 필요성은 의회가 아닌 정부차원에서 구상하겠다는 입장 등을 표명함으로써 정국운영의 주도권을 지속적으로 유지하고자 했다.

그러나 당시의 상황은 YH사건과 부마사태 등 이미 시민사회 내부의 다양한 영역에서 유신독재에 항의하는 거센 사회적 저항이 있었다는 점에서 박정희 대통령 사망 이후의 정국변화에 대한 국민적 열망과 시민사회의 개혁에 대한 요구가 새로운 과도정국하에서는 대단히 중요한 변수로 작용하고 있었다. 이러한 맥락에서 유신체제의 종말은 형식적으로는 정권의 수뇌부에서 이루어졌지만, 내용적으로는 시민사회 내부에서 성장해 온 사회적 계급과 사회운동 진영의 힘에 의해 이루어졌다는 점에 주목할 필요가 있다.

　박정희의 성대한 국장이 끝난 후 최규하 대통령권한대행은 11월 15일 사실상 유신의 해체를 선언12)하고 12월 6일 통일주체국민회의에서 정식으로 대통령으로 선출13)됐고, 다음날 긴급조치 9호를 공식 해제했다. 이른 바 80년 '서울의 봄'으로 불리는 새로운 민주화의 조건이 성숙돼 가는 과정이었다. 이것은 최규하정부가 공식적이고 명시적인 정치일정을 발표하지는 않았지만 자신을 국난타개를 위한 위기관리 정부라고 성격을 규정하고 유신해체의 후속조치로 새로운 헌법을 만들기 위한 법제처 소속의 헌법연구반(을 구성1980년 1월 15일)했기 때문에 새로운 정치에 대한 기대는 그만큼 고조됐다.

　그리고 이러한 분위기는 당시 시민사회 내부에서 두 가지 현상으로 대별돼서 나타났다. 하나는 그 동안 야당에서 활동했거나 정치활동을 하던 이들이 재야세력으로 변신하면서 사회운동 진영에 가담했으나, 새로운 정치적 공간이 열리려고 하자 사회운동 진영으로부터 이탈해 정치권력의 획득을 위한 정치무대로 돌입했다는 사실이다. 이것이 의미하는 바는 사회운동 진영의 에너지를 통해 사회변혁을 이루겠다는 의지가 그만큼 희석되는 것이었고, 이후 정국변화의 주도권이 시민사회에서 정치권으로 이전되는 것을 의미했다.

　다른 하나는 열려진 정치공간에서 그 동안 국가기구의 강력한 통제하에서 억제됐던 노동운동이 폭발적으로 등장하기 시작했다

---

12) 그는 이날 "긴급조치 위반에 대한 석방과 복교조치를 김치열 법무장관과 박찬현 문교장관에게 지시했다"고 발표했다.

13) 통일주체국민회의 총대의원 2,566명 중 2,549명이 참석한 가운데 2,465표(96.6% 찬성, 반대 없이 무효 84표)로 제 10대 대통령으로 선출됐다.

는 점이다. 1980년 초 해태제과, 청계피복 노동자들의 투쟁을 시작으로 4월 21일 사북탄광 노동자들의 사건 등을 거치면 5·17비상계엄 조치확대가 이루어지기 전까지 전국에서 897건의 노사분규가 발생했다(엄주웅, 1990: 147). 노동자들의 투쟁은 대체로 임금 및 근로조건의 유지와 개선, 체불임금과 휴폐업 반대, 해고노동자들의 복직투쟁 등이 주종을 이루었다. 그러나 그럼에도 불구하고 최규하정부 시기의 노동운동은 자연발생적이고 비조직적인 측면이 컸기 때문에 전체적으로 연대의 틀을 갖추지 못하고 산발적인 경향을 가지고 있었다. 다만 이 시기의 노동운동에서 몇 가지 주목할 사실은 독점대기업과 중공업체 남성노동자들의 투쟁이 이루어졌고[14] 이것이 미치는 파장이 컸다는 점에서 노동운동을 통한 정치적 잠재력을 체감하는 기회가 됐다. 그러나 이러한 운동은 이후 5·17비상계엄 조치의 확대와 광주항쟁 이후 신군부의 권력장악이 노골화되면서 노조간부의 구금 등[15]이 이루어지고 노동법의 전면적인 개악, 그리고 민주노조의 파괴 등에 의해 노동운동은 침체기를 맞이하게 됐다(박준식, 1987).

한편 이 시기의 학생운동은 1979년 말까지 특별한 변화가 없었으나 1980년 개강과 더불어 학생회 부활이 이루어지고 학원민주화 운동과 병영거부 투쟁 등을 전개했다. 학생들은 4월이 지나면서 학원 내의 운동에 머무르지 않고 정치투쟁을 전개하게 됐는데, 대부분 "민주화를 위한 선언" 등을 통해 자신들의 입장을 전개했다. 대체로 그 내용은 ① 비상계엄 즉각해제, ② 유신잔재

---

14) 동국제강, 일신제강, 인천제철 등에서 임금인상 투쟁이 있었으며, 사북탄광 또한 남성노동자들에 의해 이루어진 사건이었다.

15) 이른바 당시의 정치인들에 대한 숙청을 동반했던 '정화조치'에 주요 노조간부들이 대거 대상으로 지목돼 노동운동은 크게 위축됐다.

의 청산, ③ 정부주도의 개헌중단, ④ 노동3권 보장 등을 주장하는 것이었다. 이 시기 학생운동 내부에서는 운동전략을 둘러싸고 당시의 정세인식에 대해 여러 가지 논란이 있었는데, 학생회를 중심으로 한 운동권은 국민대중의 의식과 준비가 아직 부족하다는 판단하에 준비론으로 돌아선 반면, 강경파의 경우 학생들의 정세인식과 행동이 당시의 정국에 주효하다는 판단하에 5월 13일부터 가두시위에 들어갔다.

특히 이 시기는 정치적으로 대단히 중요한 정치적 힘의 대결과 전략들이 난무한 시기였는데, 시민운동 진영에서는 당시 상징적인 재야세력이었던 국민연합이 민주화에 대한 선언문을 발표했고, 각 대학 총학생회 또한 동시다발적으로 민주화를 촉구하는 시국선언문을 발표했다. 게다가 대학교수와 대학원생들의 잇단 시국선언문에서도 계엄철폐를 비롯한 민주화선언이 발표되는 등 사회적 분위기의 여론은 곧 계엄을 해제할 것을 강력히 촉구하는 것이었고, 여야 또한 5월 20일 국회를 개원해 이를 본격적으로 논의할 예정이어서 민주화의 봄은 절정에 이르러 가고 있었다. 바로 그 시기에 학생들의 5월 13일과 14일의 서울역 집회가 있었고, 이에 이미 4월 14일로 중앙정보부장 서리직을 수행하고 있던 전두환 보완사령관은 학생들의 서울역 집회가 해산되자 5월 17일 비상계엄을 확대하고 모든 정치적 공간을 사실상 폐쇄했다. 곧 국회, 대학의 폐쇄는 물론 파업을 금지하고 언론을 검열함으로써 사실상의 공식·비공식적 정치행위를 일체 금지시킨 셈이다. 그리고 이어서 신군부의 무력으로 사실상 국무회의를 장악하고 이어서 광주지역의 민중항쟁을 강경 진압함으로써 사실상 전면적으로 정치무대에 등장했다.

결국 민주화가 절정에 올랐던 5월에 정치 후면에서 다단계 쿠데타16)를 진행해 왔던 신군부세력은 노골적으로 정치적 목적을 드러내고 유혈진압을 강행함으로써 시민사회 내부의 민중적 요구와 민주화에 대한 열망을 철저히 억압하는 데 성공했다.

5·17 이후 국가보위비상대책위를 구성한 후 전두환은 사실상 최고 실권자로서 정치권력을 장악했고, 광주항쟁에서 보여준 비민중성은 폭력적이고 억압적인 국가기구의 행사를 통하지 않고서는 유지되기 어려웠던 만큼 시민사회의 저항을 일사분란하게 제압해 갔다. 이후 8월 16일 최규하 대통령이 하야하고 불과 열흘 남짓 뒤에 전두환은 통일주체국민회의에서 11대 대통령으로 선출됐다. 이로써 최규하 과도정부는 공식적으로 막을 내리게 된다. 그러나 이미 5월 17일 국무회의를 장악한 신군부에 의해 과도정부는 그 수명을 다한 셈이었다. 이 시기의 광주항쟁은 가장 치열한 민중항쟁이었고, 이것이 내전 수준으로 확산돼 가자 오히려 신군부에게는 이후 모든 민주화운동을 억압하는 계기가 됐다. 그러나 동시에 광주항쟁은 80년대 한국사회의 민주화운동이 지속적이고 조직적으로 전개되고 변혁적 전망의 틀을 세우는 근본적인 계기를 이루게 된다.

광주항쟁 이전 시기의 사회운동은 70년대를 거치면서 형성된 각 분야의 부문운동이 각기 자리를 잡아 가는 시기였으나, 부문운동 내부에서 조직적으로 연대할 수 있는 역량과 사회변혁의 전망을 갖는 것은 아니었다. 더욱이 부문운동간 연대투쟁의 경험이 아직 짧은 시기였으며 재야세력 및 학생운동과의 연대투쟁 및 협력이 간헐적으로 존재했을 뿐 강력한 운동연대를 구성할 만큼 조직적인 지도력과 대중참여에 필요한 의식을 갖추지는 못

---

16) 이에 대해서는 손호철, 1995와 이달순, 1997을 참조할 것.

했다. 더욱이 정치권의 부활은 사회운동 진영이 또 하나의 대안 세력으로 나설 필요성을 감소시켰으며, 민중중심의 민주화운동 전선에 균열이 생겼던 것으로 보인다. 1980년 창비의 권두언은 이러한 현실을 잘 드러내 주고 있다.

> 10·26 전후의 일련의 사건들은 이러한 우리의 노력에 새로운 기회를 열어준 것이 사실이지만, 특히 지식인들 사이에서는 새로운 가능성과 더불어 묘한 심경의 동요가 엿보이는 것도 부인하기 힘들다. 이제까지 민중의 편에 서서 민주주의를 관철하겠다던 부르짖음이 어느덧 자신의 처지가 전보다 좀 편해지는 것으로 만족하는 물러섬으로 나타나는가 하면, 민족통일을 주장하던 사람들이 갑자기 분단극복의 문제는 잊어버린 채, '이상적인 민주사회'의 설계에 몰두하기도 하고, 민족의 주체성을 말하고 민족 문화운동을 하겠다던 쪽에서조차 민주회복을 우리 힘으로 하기보다 혹시 우방이 안해 주는가 하는 헛된 기대와 부질없는 원망까지 품는 경우를 보게 되는 수도 있다(창작과비평, 1980년 봄: 5).

4. 과도정부 시기 시민사회 전개의 특징에 대한 비교

두 과도정부 시기의 사회경제적 지표에서 발견되는 공통점은 이승만의 하야와 박정희의 피살이라는 정치적 사건에서 연유되고 있지만, 당시의 경제적 지표는 통상적인 수준보다 급격히 하향곡선을 그리고 있었다. 그리고 그러한 경기침체의 피해자는 단순생산직에 근무하는 육체노동자이거나 실업자, 빈민들이라는 점에서 민중의 사회경제적 조건이 대단히 취약한 시점에서 이루어졌다. 특히 이들의 임금수준은 최저생계비를 밑도는 수준이라는 점에서 이들의 잠재적 불만은 대단한 것이었으며, 따라서 정치적 억압기제가 풀리는 순간 용수철처럼 튀어 오를 수 있는 가능성을 가지고 있었던 것으로 보인다. 그러나 이러한 사회경제적 배경은 혁명과정에서 실탄으로 변화될 가능성이 높았던 반면에 방아쇠 역할을 하기는 어려웠다는 점에서 공통점을 가지고 있었다. 이는 이들의 사회경제적 악조건에도 불구하고 이들의 불만은 경제적 측면에 매몰되는 경향이 높았으며, 따라서 지속적으로 운동을 진행하는 지도그룹이 존재하지 않는 한 지속적이고 조직적인 운동을 통해 정치적 영향력을 가하는 것이 쉽지 않았다는 것을 의미한다.

특별히 독재권력이 절정에 이를수록 사회경제적 지표가 악화되고 이러한 경제적 악화에서 민중들이 가장 고통스러운 이유는 독재권력의 속성이 관료, 재벌과의 지배연대를 이루는 파행적 경제구조를 운영하고 있었기 때문이다. 비정상적인 권력의 유지비용은 과대한 군사비지출과 금권선거, 그리고 각종 정보수집 및 매수에 필요한 정치자금을 필요로 했으며, 이러한 자금의 조달 또한 지배연대가 공고하게 협력하지 않고는 이루기 어려웠기 때문에 경기가 침체되고 물가가 오르는 등 생활고가 가중될 경우, 경기지표의 하향과정에서 가장 곤경에 처하게 되는 그룹이 자신의 육체를 통해 임금을 받는 근로자와 가난한 농어민들로 구성된 민중들이기 때문이다.

그런데 두 과도정부 시기의 민중들은 사회경제적 차원에서 몇 가지 차이점을 드러내고 있다. 다음은 당시의 사회구성을 직업별·계급별로 비교한 표(<표 3-12, 13>)이다.

〈표 3-12〉 직업별 취업자 구성비

연도	전문기술행정관리직 종사자	사무관련직 종사자	판매 종사자	서비스직 종사자	농임수산업종사자	생산,운수,장비운전사,단순노무자
1960	3.6	2.6	8.3	6.0	66.2 (농업62.6)	13.3
1980	5.3	9.3	14.5	7.9	34.0	29.0

자료: 통계청, 1955~1990(홍두승, 1997: 49에서 발췌 인용).

〈표 3-13〉 계급구성의 비교   (단위 %)

연도	자본가	신중간	구중간	노동자	기타	실업자	노동력인구
1960	0.9	2.5	74.3	13.9	0.1	6.8	7,543,100
1980	0.6	6.3	52.1	33.1	0.2	6.7	13,595,100

출처: 김준, 1993.

위의 표에서 보듯이 허정 과도정부 시기에는 농업종사자가 전체 경제활동인구의 반이 훨씬 넘는 62.6%를 차지하고 있었다. 이 시기의 농민들은 제2장에서 살펴본 바와 같이 높은 인플레이션에도 불구하고 미국농산물 도입과 저곡가정책으로 인해 경제적 어려움이 누구보다도 큰 계층이었다. 그러나 당시의 농민들은 조직적인 투쟁을 전개할 만큼 의식이 높지 못했으며 조직화돼 있지 않았다.

반면에 1980년에는 산업화과정에서 발생한 빠른 속도의 이농현상으로 농업종사자의 수는 급속히 줄어든 대신 단순노동과 판매직, 사무직 등의 도시근로자를 급속히 팽창시켰다. 그러나 앞서 언급한 바와 같이 새로운 노동계급은 70년대 중화학공업정책으로 인해 대기업 우선정책에 따라 노동계급의 양적인 팽창 안에는 질적인 차별화가 존재하고 있었다. 예컨대 수출주도 산업에서 효자노릇을 했던 가발, 신발 등 경공업 중심의 중소기업에는 대부분 젊은 여성노동자가 주종을 이루었는데 이들은 가부장적 사회문화에 힘입어 노동통제의 주요대상이 됐다. 반면에 중화학공업 중심의 대기업 노동자는 주로 남성이었는데, 이들은 1979년에 이르기까지 노동운동의 경험이 약했으며 80년에 들어서야 일부 기업에서 본격적으로 노동운동에 뛰어들게 된다. 그러나 이들의 운동 역시 기업단위를 벗어나 국가를 상대로 투쟁하는 정치적 성격을 지닌 것은 아니었다.

따라서 사회구성상에서는 1960년과 1980년간에 큰 차이를 나타내고 있지만, 이들의 정치의식과 조직역량을 감안한다면 과도정부 시기에 자신들의 열악한 상황을 개선하기 위해 정치를 변화시켜야 한다거나 국가를 상대로 투쟁해야 한다는 의식에는 이르지 못했다는 점에서는 커다란 차이가 없었던 것으로 보인다. 그러나 1980년 산업화를 거치면서 형성된 도시화는 도시 내의 빈민과 도시근로자를 대량 생산함으로써 투쟁기간이 장기화되는 과정에서 1960년보다는 훨씬 빠른 속도로 조직화됐다는 점에서 큰 차이를 내포하고 있다. 앞서 언급한 것처럼 이들은 사회변혁 세력의 주요한 자원으로 성장해 있었던 셈이다. 그 대표적인 경우가 바로 광주항쟁에서 보여준 도시근로자들의 투쟁[17]이라고 할 수 있다. 그만큼 1980년 과도정부하에서는 신군부의 강력한 진압 없이는 민중들의 항쟁을 제압하기 어려울 만큼 시민사회 내부의 계급적 잠재역량이 커져 있었음을 의미한다.

또한 이승만과 박정희는 모두 반공정책을 가장 중요한 정권안

---

17) 당시 5.18 참가 및 피해자의 계급 직업분포를 보면, 생산직 노동자가 63.4%를 차지하고 있다. 사망자 가운데도 31.0%로 가장 많아 이들이 당시 학생들과 더불어 가장 커다란 피해자였으며 시위참여도 격렬하게 했을 것으로 추측할 수 있다.

보 이데올로기로 활용했지만, 과도정부 시기에는 혁신세력 혹은 좌파이념의 모색이라는 점에서는 차이를 드러내고 있다. 1960년 당시에는 조봉암사건이 있었음에도 불구하고 좌파 지식인과 좌파세력에 의한 혁신정당 움직임이 활발했으며, 이들은 학생들과 조직적인 연대를 구성할 수 있었다. 반면에 18년이라는 박정희 장기집권하에서 좌파의 정치적 공간은 사실상 존재하기 어려웠다. 따라서 1979년에는 보수정객들의 정치무대로 일관됐으며, 학생운동 및 재야운동에서도 이러한 좌파의 입장이 하나의 중심적인 세력으로 등장하지는 못했다. 그래서 허정 과도정부 시기에 조직된 학생운동 그룹들은 그후 외세문제와 통일문제를 직접적인 이슈로 내걸 수 있었던 반면 1979년에서 80년에 이르는 과정에서 갈등의 이슈는 민주화의 선에서 그 수위가 조절됐다.

　허정 과도정부와 최규하 과도정부는 과도정부 역할수행 방식이 각기 다른 배경에서 시작됐기 때문에 전개방식에서도 차이를 드러냈다. 이러한 차이는 시민사회 내부의 다양한 정치적 행위자 및 사회세력에게도 영향을 미치기 때문에 각기 다른 정치적 기회구조를 형성하고 있었다. 먼저 허정 과도내각은 자신의 역할과 한계를 명확히 했고 그 정치일정이 의회를 통해 초기에 확정됐기 때문에, 과도정부 기간에 시민사회 내부에서 별다른 갈등의 축을 형성하지는 않았다. 혁명의 주도세력이었던 학생들 역시 자신들의 역할을 학내문제로 국한시키고 정치에 개입하지 않았으며 과도정부 시기에는 다만 국민 계몽운동 등을 전개했을 뿐이다. 또 당시의 혁신세력은 선거에서는 비록 실패했지만 정치무대에서는 활발하게 활동할 수 있었다.

　이에 반해 최규하정부의 과도시기 관리방식은 훨씬 더 복잡했다. 일단 4·19와 같은 외부의 압력에 의해서가 아니기 때문에 집권세력 자체가 무너질 위험부담은 적었다. 그리고 지속적으로 집권하기 위해 오히려 긴급조치 해제 등을 비롯해 유신헌법 개정을 추진할 수 있었으며, 그 주도권이 의회가 아니라 행정부에 있었기 때문에 자신들의 이해에 충실하게 정치일정의 완급을 조절할 수 있었다. 그러나 12·12 신군부의 쿠데타와 이후 5·17비상계엄 확대 등은 과도정부의 정치일정 관리를 불투명하게 만들었다. 이러한 불투명성 때문에 당시의 사회운동 진영과 정치인들은 어떻게 대처해야 할 것인가에 대해 속수무책으로 일관하게 됐고, 광주항쟁 이후에는 노골적인 신군부의 정권장악 과정에 대해 완전히 무장 해제당한 채 그들의 프로그램에 따를 수밖에 없었다.

역으로 최규하정부의 불투명한 정치일정과 신헌법에 대한 행정부의 독자적 행보 등은 1980년 개학을 맞이한 대학과 재야세력으로부터 거센 항의를 받았다. 실제로 시민에 의한 새로운 변화는 4월과 5월에 진행되는 과정이었고, 비록 그것이 평화적이었다 하더라도 과도정부 이후 자신들의 권력기반을 다지지 않으면 안 되는 신군부에게는 새로운 위협이었기 때문에 12·12쿠데타로부터 광주항쟁에 이르는 시기는 사회운동 진영과 신군부의 보이지 않는 대결국면이 지속됐다고 할 수 있다. 특히 최규하 과도정부 시기에는 박정희정권 시기를 거치면서 형성된 재야세력이 존재했고, 박정권으로부터 피해를 입은 양심범가족협의회, 복권대책협의회, NCC인권위원회, 그리고 각 대학의 학생회 및 서클 등이 존재했다. 나아가 노동조합이 80년 봄을 거치면서 급속히 조직됐고, 도시화과정에서 형성된 빈민운동, 농민운동 등 각 부문운동이 새로운 운동의 경험을 축적하면서 형성돼 가고 있었다.

그러나 최규하정부하에서도 80년 봄은 이들 사회운동 진영에서 새로운 정치적·사회적 운동경험을 축적해 가는 시기였을 뿐,

실제로 이들이 대안세력이 될 수 있는 것은 아니었다. 오히려 이 시기에도 민주화의 봄을 맞이한 주역은 구정치인들이었기 때문이다. 따라서 당시의 시민사회 공간은 정치사회와 일정한 선을 그은 상태에서 사회운동 진영이 계엄철폐를 비롯한 민주화를 주장하는 압력집단의 역할을 했으며, 각 부문운동이 조직적 연대를 꾀하지 못한 채 자기 집단 내부에서 조직민주화 혹은 임금인상 및 처우개선 등을 요구하는 형국이었다.

5. 결 론

두 과도정부 시기의 사회경제적 조건은 정치적 위기와 비례해 사회경제적 위기가 진행되고 있었음을 알 수 있다. 그러나 이러한 사회경제적 조건은 박정희정권이 추구했던 수출위주의 산업화전략을 통해 농업중심의 1960년대 사회경제구조 및 계급구성의 특징을 경공업 및 중공업 중심의 경제구조로 재편시키고, 이에 따라 빠른 속도로 도시화를 진행시킴으로써 전혀 다른 사회경제적 조건을 마련해 놓았다.

이러한 사회경제적 배경의 차이는 1960년의 3, 4월 운동이 4·19로 정권을 무너뜨렸음에도 불구하고 과도정부를 견제하거나 지속적으로 압력을 행사할 수 있는 사회세력의 부재를 낳았다. 또한 허정 과도정부는 자신의 성격을 분명히 규정하고 의회를 중심으로 한 투명한 정치일정을 공개함으로써 정국의 주도권을 장악할 수 있었다. 결과적으로 3개월의 과도정부 기간에는 시민사회의 내부적 요구가 배제됐을 뿐 아니라 이들의 요구를 관철시킬 수 있는 어떠한 채널도 가동되지 못했다. 무엇보다도 시민사회 내부의 여러 집단이 갑작스럽게 팽창된 정치적 공간에서 조직화되기에는 너무나 짧은 시기였다. 반면에 국회를 해산하지도 않은 채 매우 신속하고 일사분란하게 내각책임제 개헌안을 통과시킨 정치권은 이후 자신들의 입지를 다시 정비할 수 있는 모든 채비를 갖출 수 있었던 것으로 보인다. 다시 말해 3, 4월의 정치변동이 학생들에 의해 주도됐음에도 불구하고 그들의 주장은 이후 과도정부하에서 지속적으로 정치적 영향력을 행사하는 데 실패했다.

반면에 최규하 과도정부는 갑작스런 박정희 피살사건으로 정권을 인수받아 자신들의 정치일정을 명확히 천명하지 못했고, 정국의 주도권을 행정부에서 행사하려고 함으로써 재야 및 야당, 그리고 학생을 비롯한 지식인들로부터 거센 항의에 직면해 있었다. 더욱이 1980년의 4월과 5월 중순까지는 다양한 세력의 거센 요구가 정부의 정치일정 주도를 압도하기도 했으며, 이에 따라 새로운 정치국면이 모색될 가능성이 보이기도 했다. 그러나 이미 12·12쿠데타로 실권을 장악해 온 신군부가 광주항쟁을 계기로 새로운 정치권력의 실체로 공식적으로 모습을 드러냄에 따라 사회운동 진영의 민주화운동은 사실상 중단되고 말았다. 곧 최규하 과도정부의 불투명하고 우유부단한 정책결정과정은 사회운동 진영에게는 조직적인 것이 아닐지라도 새로운 저항연대를 구성하게 했고, 그러한 저항의 강도가 일정한 수위에 오르자 과도정부의 후면에 자리하고 있던 신군부가 정치무대에 공식적으로 올라오는 기회를 제공했다.

결론적으로 두 과도정부의 수립과정은 그것이 권력 내부에서 이루어진 변화이든 권력 외부에서 이루어진 변화이든 사회경제적인 위기와 정비례 있었으며, 과도정부 시기 정치일정의 투명도 와 그 처리과정의 신속성 등에 사회운동 진영의 대응양식이 각 기 달랐다고 할 수 있다.

참고문헌

1. 1차문헌

경제기획원, 1962, 『경제백서』.
_____, 1981, 『韓國의 사회지표』.
_____, 1987, 『한국의 사회지표』.
경제기획원 조사통계국, 1980, 『경제활동인구연보』.
_____, 1980, 『도시가계연보』.
동아일보사, 1980, 『동아연감』.
_____, 1981, 『동아연감』.
한국기독교교회협의회 인권위원회, 1987, 『1980년대 민주주의운동 Ⅷ』.
한국년감편찬회, 1961, 『한국연감』.
한국은행조사부, 1962, 『경제통계연보』.

2. 국문문헌

강만길, 1984, 『한국현대사』.
강만길 외, 1983, 『4월혁명론』, 한길사.
강신철 외, 1988, 『80년대 학생운동사』, 형성사.
김광식, 1988년 봄, "4·19시기 혁신세력의 정치활동과 그 한계," 『역사 비평』.
김대환, 1981, "1950년대 한국경제의 연구," 진덕규 외, 『1950년대의 인식』, 한길사.

김성환 외, 1984, 『1960년대』, 거름.
김세중, 1995, "10월유신과 민주회복운동," 한국정치학회 편, 『한국현대정치사』, 법문사.
김영래, 1990, 『한국의 이익집단과 민주정치 발전』, 대왕사.
김영명, 1992, 『한국현대정치사』, 을유문화사.
김준, 1993, "아시아 권위주의국가의 노동정치와 노동운동: 한국과 대만의 비교연구," 서울대 박사학위논문.
노중선, 1989, 『4·19와 통일논의』, 사계절.
_____, 1992년 가을, "4월혁명기 혁신정당 왜 좌절하였는가," 『역사비평』.
마인섭, 1995, "자본주의적 발전과 민주화," 임현진·송호근 공편, 『전환의 정치, 전환의 한국사회』, 사회비평사.
박준식, 1987, "노동운동을 통해 바라본 노동자의식의 변모," 『산업사회연구』, 제2집.
박찬웅, 1980, 『박정희·전두환의 난』, 아우내.
박태순·김동춘, 1991, 『1960년대의 사회운동』, 까치.
박현채, 1978, "해방후 한국 노동쟁의의 원인과 대책," 『한국노동문제의 구조』, 광민사.
_____, 1988년 봄, "4·19시기 노동운동의 전개와 양상," 『역사비평』.
백욱인, 1987, "빈민론과 도시운동론," 『산업사회연구』, 제2집.
백종국, 1995, "한국자본주의 체제변동의 요인과 전망," 임현진·송호근 공편, 『전환의 정치, 전환의 한국사회』, 사회비평사.
사월혁명연구소, 『한국사회변혁운동과 4월혁명』, 한길사, 1990.
4월혁명연구소 편, 1990, 『한국사회변혁운동과 4월혁명 ①』, 한길사.
_____, 1990, 『한국사회변혁운동과 4월혁명 ②』, 한길사.
서관모, 1984, 『현대한국사회의 계급구성과 계급분화』, 한길사.
성경륭, 1995, 『체제변동의 정치사회학』.
손호철, 1995, "5·18광주민중항쟁의 재조명," 한국정치학회 편, 『한국현대정치사』 법문사.
_____, 1995, 『해방 50년의 한국정치』, 새길.

오근석, 1988, 『80년대 민족민주운동』, 논장.
유병용 외, 1997, 『한국현대정치사』, 집문당.
이재오, 1984, 『해방후 한국 학생운동사』, 형성사.
이철국, 1988년 봄, "4·19시기 교원노동조합운동," 『역사비평』.
이화수, 1985, 『4월혁명: 정치행태학적 연구』, 평민사.
임현진·송호근 공편, 1995, 『전환의 정치, 전환의 한국사회』, 사회비평사.
조희연, 1994, "한국에서의 민주주의 이행에 관한 정치사회학적 연구," 『동향과 전망』, 통권 21호.
조희연 편, 1990, 『한국사회운동사』, 죽산.
『창작과비평』, 1980년 봄, 제15권 제1호, 통권 55호.
하일민, 1992년 가을, "전쟁세대의 좌절과 4월혁명 세대의 두 가지 길," 『역사비평』.
한국노총, 1979, 『한국노동조합운동사』.
한국민주노동자연합, 1994, 『한국노동운동사』, 동녘.
한국역사연구회현대사연구반, 1991, 『한국현대사 4』, 풀빛.
한국정치학회 편, 1986, 『현대 한국정치와 국가』, 법문사.
_____, 1989, 『한국정치의 민주화: 현실과 과제』, 법문사.
_____, 1995, 『한국현대정치사』, 법문사.
한승주, 1981, "제1공화국의 유산," 진덕규 외, 『1950년대의 인식』, 한길사.
호광석, 1996, 『한국정당체계 분석』, 들녘.
홍두승 편, 1997, 『한국사회 50년』, 서울대학교 출판부.

3. 영문문헌

Henderson, Gregory, 1968, *Korea: The Politics of Vortex*, Cambridge: Harvard University Press.
Klandermans, Bert, 1984, "Mobilization and Participation: Social-Psychological Expansions of Resources Mobilization Theory,"

American Sociological Review, 49.
Linz, Juan, 1978, *The Breakdown of Democratic Regime: Crisis, Breakdown, & Reequilibration*, The Johns Hopkins University.
O'Donnell, Guillermo and Schmitter, Phillipe C., 1986, *Transitions from Authoritarian Rule: Tentative Conclusions about Uncertain Democracies*, Baltimore and London: The Johns Hopkins University.
Torrow, Sidney, 1994, *Power in Movement: Social Movements, Collective Action and Politics*, New York: Cambridge University Press.

한국현대사의 재인식 24

과도정부 비교연구

초판 제1쇄 찍은날 : 2003. 5. 25
초판 제1쇄 펴낸날 : 2003. 5. 31

엮은이 : 한국정신문화연구원
펴낸이 : 김 철 미
펴낸곳 : 백산서당

등록 : 제10-42(1979.12.29)
주소 : 서울 서대문구 홍제동 330-288
전화 : 02)2268-0012(代)
팩스 : 02)2268-0048
이메일 : bshj@chollian.net

※ 저작권자와의 협의 아래 인지는 생략합니다.

값 8,000원

ISBN 89-7327-314-0 03340
ISBN 89-7327-212-8(세트)